SHODENSHA
SHINSHO

紀の「脱亜論」

――中国・韓国との訣別

幸祐

祥伝社新書

まえがき

　今年は、福澤諭吉《ふくざわゆきち》が「脱亜論」を書いてからちょうど一三〇年目に当たる。そして、日清戦争勝利から百二十周年、日露戦争勝利から百十周年になる。不思議な歴史の巡《めぐ》り合わせと時代の符合に改めて驚かされるが、同時にもっと驚くのは、日本の歴史上きわめて大きな意味を持つ、日清戦争と日露戦争の戦勝記念行事が、戦後になってから、政府主催で一度も行なわれていないことだ。

　ありえない話である。独立した国家であるなら、世界中にこんな国は絶対にない。

　今年は第二次大戦終結から七〇年になるが、自分たちが日本と戦争をしたわけでもないのに、耳にタコができるほど何回も聞こえてくるのが、「抗日戦争勝利七十周年」と叫ぶ中国共産党のメッセージである。自分の国の歴史に刻まれる日清、日露の戦勝記念行事を、戦後一度も行なうことができない政府がある一方、自分たちが戦ってもいない七〇年前の戦争に勝った、勝ったと大騒ぎして、世界に喧伝する独裁政権がある。

　その独裁政権は、自分たちが二十一世紀のナチズムと言える民族浄化政策で、周辺民族を侵略して苛酷な弾圧と抑圧を行なっていながら、「反ファシズム戦争勝利七十周年」と嘯《うそぶ》くのである。何ともグロテスクで滑稽な話だが、それでも、自国の近代化の礎《いしずえ》を築いた偉大な日清戦争と日露戦争の勝利を祝うこともできないほうが、はるかに醜悪ではないか。多くの戦死者、――英霊にこれほど失礼な侮辱はないだろう。自らの歴史に唾《つば》を吐いていることに等しいのである。

なぜ、日本はいつの間にか、ここまで醜い国になってしまったのだろうか。その醜さに気づかない多くの国民と、気づいても目をそらす人間がいることが、さらに醜悪さを増す、そんな畸形《きけい》国家が、今、再び激変する世界のパラダイムシフトの荒波の中で、自力で航海していかなければならない時を迎えている。

福澤諭吉が「脱亜論」を書いた当時、まさに日本は時代の分水嶺で、もがき苦しんでいた。その「脱亜論」の一三〇年後の意味はどこにあるのか。実は、福澤の「脱亜論」はアジア蔑視《べっし》ではなく、特別な東アジアとは別の道を歩もうという「別亜論」に過ぎなかった。つまり、現在ではますますその意味が重要になっているテーマを、本書で詳《つまび》らかにしたい。閉じた特別なアジアから、開けた普通のアジアと連携し、世界と繫《つな》がることが「21世紀の脱亜論」なのである。

　実は福澤の「脱亜論」は、日本にとって四回目の「脱亜論」だった。一回目は聖徳太《しょうとくたい》子《し》が小野妹子《おののいもこ》を遣隋使に派遣して、隋《ずい》の皇帝煬帝《ようだい》へ「日出《ひい》ずる処《ところ》の天子《てんし》……」という国書を届けたときである。日本は飛鳥《あすか》時代に中国を宗主国とする華夷《かい》秩序から、すでに離脱したのである。二回目の「脱亜論」は菅原道真《すがわらのみちざね》の遣唐使廃止だった。三回目は江戸時代の儒者、荻生徂徠《おぎゅうそらい》が敢然と朱子学《しゅしがく》に反旗を翻《ひるがえ》したときではなかったか。そもそも徳川幕府はシナとは没交渉で、明《みん》、清《しん》を遠ざけていたが、荻生徂徠は学問上で、古典文献学を志向したことで、新井白石《あらいはくせき》と並んで日本の近代の萌芽となった。ただそれは、丸山真男《まるやままさお》が徂徠に見た近代的主体性や「規範」ではなく、中世の世界から〈脱亜〉したということなのである。そして、四回目が明治十八年（一八八五）に「時事新報」の社説として書かれた「脱亜論」である。

　歴史上これだけ繰《く》り返し「脱亜論」が生まれたということは、逆にそれだけ日本を北東アジアに引き込もうという凶々《まがまが》しい力が働くのであろう。〈脱亜〉の亜は中国、南北朝鮮の北東アジア三カ国を指し、いわゆる〈特定アジア〉そのものを指す。つまり、普通の、世界へ繋がる開かれたアジアでなく、閉じたアジアである。

　日本は特定アジアと文明圏が異なっていること。日本人は特定アジアの人々と人種的にも異なっていること。そして、日本は古代から特定アジアから離れていた時代に、平和で安定した時代を築いていた事実。それらの事実をトータルに解き明かすことが、日本の今後の進路に重要なヒントを与えてくれる。

二十一世紀の現代に蘇《よみがえ》った「脱亜論」は、日本が特定アジアという〈反日エリア〉からできるだけ距離を保ち、独立を目指す台湾を起点にして、フィリピン、インドネシア、ベトナムなどの東南アジア、ミャンマーからバングラディシュ、インドへ向かう南アジア、さらに中東に連なる「開かれたアジア」へと、経済と安全保障の軸足を移行することに他ならない。また、独自の文明圏を持つ日本の存在は、欧米キリスト教社会とイスラム社会に、サードパーティとして関わりが持てる世界で唯一の国であることを示唆している。そんな日本の立ち位置こそが、今後の世界をリードしていく重要な役割を担《にな》っているはずである。

平成二十七年三月吉日

西村《にしむら》 幸祐《こうゆう》

目次

序章　彼らに別れを告げるとき

第一章　新しい「脱亜論」の誕生

第二章　〈特定アジア〉三カ国と距離を置くべき理由

第三章　閉ざされたアジアから、開かれたアジアへ

第四章　アメリカに依存しない〈新・脱亜〉のあり方

序章　彼らに別れを告げるとき

中国・韓国から急速に離れる日本人の心

No, they don't exist anymore.
It's time to say goodbye...

Time To Say Goodbye（英語バージョン）／サラ・ブライトマン
イタリア語原詞 ルーチョ・クアラントット

もし、本書のCMかプロモーションビデオが作られることがあれば、サラ・ブライトマンの一九九七年の世界的大ヒット曲「Time To Say Goodbye」（「タイム・トゥ・セイ・グッバイ」）をBGMに使ってほしい。私がCMディレクターならきっとそうするだろう。文字通り、「別れを告げるとき」だからである。

この曲は、かつて富士重工のスバル・ランカスターのCMにも使われた楽曲で、哀愁を帯びたメロディーを、ソプラノ歌手、サラ・ブライトマンがしっとりと、それでいて激しく情熱的に歌い上げる名曲である。本来なら、別れを告げたくない相手への切々たる惜別《せきべつ》の想いが込められた曲だが、それでは本書、『21世紀の脱亜論』にはふさわしくない。

なぜなら、私たち日本人が、今、中国（シナ）に、そして韓国や北朝鮮に別れを告げるときに懐《いだ》く感慨は、一部の人を除けば哀惜《あいせき》とほど遠いもので、歓喜以外の何物でもない人が相当数いるだろうからである。ただ、こうも言える。私たち日本人のシナや南北朝鮮と訣別《けつべつ》しようという決意を、いささか醒《さ》めた目で茶化せば、かえってこの曲を使用することが大傑作のギャグになる。それほど「Time To Say Goodbye」は、胸が張り裂けそうな切ない想いを、感動的なメロディーで歌い上げた名曲だからだ。


実は、平成二十六年（二〇一四）十二月二十日、内閣府が外交に関する世論調査を発表した。中国と韓国に対して親しみを感じないと答えた人が、いずれも調査開始以来、最も高い割合になったのである。

この調査は以下の六項目に関して行なわれた日本の外交全般に関するもので、母集団は全国二十歳以上の日本国籍を有する者で、標本数は三〇〇〇サンプル、調査は個別面接聴取法によって行なわれた、きわめて信頼性の高いものである。

(1)日本と諸外国との関係
(2)開発協力
(3)国連における日本の役割
(4)対外経済
(5)文化交流
(6)日本の果たすべき役割

この六項目が調査内容だが、(1)の「日本と諸外国との関係」で、アメリカ、ロシア、中国、韓国、インド、東南アジア、大洋州諸国、ヨーロッパ諸国、それぞれに対する親近感を尋《たず》ねている。

その結果、中国に対し、「親しみを感じない」「どちらかというと親しみを感じない」と答えた人は計83・1%で、過去最高だった前年を2・4ポイント上回った。「親しみを感じる」「どちらかというと親しみを感じる」と回答したのは計14・8%で3・3ポイント減だった。

韓国について、親近感を感じないと答えたのは計66・4%（8・4ポイント増）、親近感を感じると回答したのは計31・5％（9・2ポイント減）だった。ちなみに、この調査結果を朝日新聞はこう報じていた。

《中国との間では、調査期間後の11月に安倍晋三《あべしんぞう》首相と習近平《シーチンピン》国家主席との約2年半ぶりの首脳会談が開かれた。日本外務省は「調査時点での国民感情が反映されたのだろう」としている。韓国に対しては、1999年以降、「親しみを感じる」が上回ってきたが、12年8月の李明博《イミョンバク》大統領（当時）による竹島上陸の影響もあって、同年以降、両者が逆転している。

一方、米国に親近感を感じると答えた人は計82・6％（0・5ポイント減）。また、ウクライナ危機以降も安倍首相とプーチン大統領が良好な関係を維持するロシアについて、親近感を感じると答えたのは計20・1％で、前年から2・4ポイント減少。親近感を感じないと回答したのは計76・4％（1・6ポイント増）だった》

メディアが隠した李明博《イミョンバク》発言の真実

この結果は想定できたことで、むしろ、韓国に親近感を感じる人が31・5％もいるというのは驚きだった。この記事の解説にもあるように、韓国への日本人の嫌悪感が圧倒的に高まったのは、平成二十四年（二〇一二）八月十日に李明博《イミョンバク》前大統領が竹島に不法上陸したときからだが、この記事で朝日は最も重要な事実を意図的に無視している。そこには、戦時中の慰安婦が日本軍によって強制連行されたとする捏造《ねつぞう》記事を三〇年以上垂れ流し、社長が謝罪、辞任した朝日新聞の特異な体質が表われている。

実は、李明博前大統領が竹島に不法上陸した直後の八月十四日に、前大統領は韓国教育大学のシンポジウムで、《「日王（韓国人が天皇を呼ぶときの蔑称）は韓国を訪問したいのなら、独立運動で亡くなった方に真の謝罪をするべきだ」と述べ、実現するには植民地時代の独立運動家への謝罪が必要》（二〇一二年八月十四日・時事）と発言したのである。

つまり、天皇陛下への謝罪要求である。これで、一気に日本人の反韓感情が高まり、日頃から日本より韓国を擁護する親韓派の学者でさえ、この前大統領の発言に眉《まゆ》をひそめた。

代表的な朝日論壇人である姜尚中《カンサンジュン》氏でさえ、日本の対韓感情の悪化を受けた韓国のシンポジウムで、前大統領の天皇陛下への謝罪要求が、日本人の反韓国感情を高めた決定的な原因となったと言っている。しかも、この記事は日本向けに翻訳されたもので、日本メディアが日本人の怒りをなるべく抑えるように情報操作をしていた。

韓国大統領府の公式文書では《日王の深い反省》と表記されたが、李明博前大統領は実際にこう言った。

「(日王が)『痛惜の念』などというよくわからない単語を持ってくるだけなら、来る必要はない。韓国に来たいのであれば、独立運動家を回って跪《ひざまず》いて謝るべきだ」

儒教文化圏の韓国では罪人が謝罪するときに跪かせるのが一般的で、足を縛って跪かせ、土下座させる刑罰も朝鮮半島にあった。つまり、李明博の発言は「日王」が足を縛られて跪いて謝罪する姿までを連想させてしまうのである。この事実を韓国紙ソウル新聞がこう伝えていた。


《李大統領は現場で、日王が「跪いて」謝らなければならないという表現を使ったことがわかったが、その後、大統領府が公開した発言録からは抜けていたことが確認された。李大統領は日本の植民地問題については容赦できるが、忘れることはできず、追及すべきことは追及すべきだと声を高めた。「静かな外交」と言われた対日外交政策が強硬モードに変わったことが示唆される》(二〇一二年八月十四日付「ソウル新聞」)

この韓国紙の情報が即座にインターネットで日本のネット掲示板を駆け巡った。単なる天皇への謝罪要求だけでも日本で物議を醸《かも》すのに、既存メディアが伝えないニュースの〈原文〉、つまり韓国人の本音が日本に伝わったことも、日韓関係の大きなメルクマールとなったのである。

本当のことに気づき始めた声なき人々

一方、日本人の対中感情は、前述の世論調査の結果が物語っているように日中国交正常化以来最悪となった。発端はその一〇年前の平成十六年（二〇〇四）の反日暴動と、サッカーのアジアカップ中国大会における日本代表チームへの異常な攻撃だった。このときの反日暴動も、中国共産党が仕掛けた意図的なもので、暴徒と化したデモ隊がバスで輸送される目撃談もあった。

その後、北京《ペキン》五輪が開催された二〇〇八年には、三月のチベット弾圧と、四月の長野における北京五輪聖火リレーでの、在日中国人の傍若無人な振る舞いが多くの日本人に衝撃を与えた。メディアは日本人が巨大な真っ赤な五星紅旗にくるまれて暴行を受けた光景などは隠蔽《いんぺい》したが、事実はネットを通して徐々に広まっていったのである。

そして、次第に高まっていった中国への不信感が一気に弾《はじ》けたのは、民主党政権下の平成二十二年（二〇一〇）九月に、尖閣諸島沖日本領海内で起きた中国の工作漁船による、海上保安庁巡視船への体当たり事件だった。おまけに菅直人《かんなおと》内閣は、でっち上げのスパイ容疑で中国国内で拘束されて人質となったフジタの社員と引き換えに、海上保安庁に逮捕された船長を釈放することしかできなかったのである。

そうした経緯が日本人のフラストレーションを高めたことはたしかだが、それ以上に、これまで日本人が意識していなかった安全保障上の脅威を実感したことが、反中感情を高揚させた一番の要因に違いない。さらに、半年後の東日本大震災、そして震災三カ月後の野田《のだ》政権による尖閣諸島国有化と事態は目まぐるしく動き、その後の中国国内での激しい反日暴動を、私たちは目の当たりにすることになった。

つまり、平成二十二年から翌年にかけて、未曽有《みぞう》の自然災害や原発事故、そして安全保障上の危機に翻弄《ほんろう》された日本人が、戦後七〇年間で初めて、これまでにないリアルさで、〈危機〉の存在を知り得たのである。

それまでも彼ら中国人、韓国人は日本人とは違う、異質な人間ではないかと、何となく思っていた人たちの気持ちが一気に確信に変わったのが、この五年間ではなかっただろうか。ここ数年の韓国、中国に関する書籍が爆発的に売れたのも、学校教育やマスメディアを通して知ったこととは別の真実があると、多くの人が気づき始めたからである。

決して一部のメディアが囃《はや》し立てるように排外主義的な〈嫌韓〉や〈反中〉という記号の氾濫ではなく、マスメディアが報じて来なかった韓国や中国を知っていく過程だったのである。と同時に、そんな意識の芽生《めば》えは日本人が日本人であることを知ろうとする意欲と自然と重なっていった。その結果、新しい日本人論も飛ぶように売れていったのである。

つまり、ご紹介した世論調査の結果は、まったくの必然だった。そして、中国や韓国と異なった日本という存在をしっかり見つめることで、今後の難しい日本の進路のあるべき方向が見えてくるのである。

できるだけ多くの日本人に、その重要性を共有してもらい、なぜ、中国、韓国に無用に接近せず、可能な限りの距離を保っていくことが重要なのかをわかっていただきたい。そうすれば、彼らとの訣別《けつべつ》に何の後ろめたさも持たずに臨《のぞ》めるし、読者の方に、まるで路《みち》の陽の当たる側をスキップしながら、陽気に唄い続けるような気分になってもらうのが、本書の目的なのである。

なぜ、いま「脱亜論」なのか

さてここで、本書のタイトルについてもう少し説明する必要がある。「脱亜論」は現在、明治の思想巨人、福澤諭吉《ふくざわゆきち》の代表的な外交論のひとつとされ、広く知られている。脱亜とはもちろん、アジアを脱する、という意味に他ならない。

「脱亜論」は今からちょうど一三〇年前の明治十八年（一八八五）の春に、新聞「時事新報」に無署名で掲載された社説、およびそのタイトルである。無署名だから、福澤諭吉自身の筆によるという確証はない。ただ、「時事新報」はその三年前に福澤諭吉がその手で創刊した新聞だから、少なくとも「脱亜論」の考え方自体は、福澤の考え方に即していたと見て間違いない。

《我は心に於《お》いて亜細亜東方の悪友を謝絶するものなり》とその社説は結ぶ。悪友とは、当時の清《しん》および朝鮮のことである。もはやおわかりいただけるだろう。核心は一三〇年前から、なんら変わるところはないのである。

福澤諭吉の「脱亜論」については第一章でもう少し詳しく触れるが、決してアジア蔑視の思想でも西欧崇拝の思想でもない。むしろ、明治維新後の日本が、長期間の鎖国という「ウブ」な状態から、開国という荒海に投げ出され、西欧に十分用心して臨むために試行錯誤した結果の、国家安全保障の方法論に過ぎない。アジアを大切だと思ったからこそ、真剣にアジアの文明開化に努め、その結果得られた、日本の近代国家のグランドデザインだったのである。

とにかく現在の一番の問題は、二十一世紀になって日本を覆《おお》いつくしている、いわゆる〈反日〉と呼ばれる一種教条的なイデオロギーである。ここ最近の日本をとりまくさまざまな困難あるいは課題というものを考えるとき、その根にあるものが何なのか、この一〇年間でいよいよ明らかになってきたと言えるだろう。平成二十三年（二〇一一）の東日本大震災と、一九九〇年代以降の〈失われた二十年〉という苦境から、今まさに日本が脱出しようとするとき、一番の障害になっているのが、〈反日〉というイデオロギーなのである。

英語でも labeling（ラベリング）というが、レッテルを貼ることによってすべてを否定していくこと、簡単に言うと、それがイデオロギーである。イデオロギストは物事を判断するとき、判断する物事に対して客観的であることを止《や》め、あらかじめ思考停止を許されたレッテルを貼ることから始める。わが国にとって不幸なのは、日本的なものを潰《つぶ》していこうとするイデオロギーが九〇年代から顕著になって、今世紀にますます先鋭化して、内外を問わず蔓延《まんえん》してきていることである。

立ち直る、再生する、あるいは飛躍するといった要素が、日本であるがゆえにすべて断罪されてしまう。

〈反日〉イデオロギーにおいてさらに顕著なのは、日本あるいは日本人が持っている精神性や歴史が非難されるという側面だ。特に日本古来の文化の連続性あるいは継承性、つまり歴史そのものをすべてなきものにしようという考え方がきわめて明白に表われてきている。

そんな〈反日〉イデオロギーの根底には、とりわけ昭和二十年（一九四五）八月十五日、昭和天皇の玉音放送で大東亜戦争の終結を宣言された終戦の日を境目として、以前の日本をすべて削除したいという意識が強くあり、その有様は一種異様な不自然さを呈している。

そうではない、世界には日本の歴史も現在も客観的に評価している国があり、人々が多くいる、と言われることはもちろん承知している。私は特定の国々、あるいは人々のことについて書いているのである。

〈反日ファシズム〉に燃えているのは世界で三カ国だけ

ここで〈失われた二十年〉というものを少々シンボリックに捉えてみよう。本書を執筆している現時点、平成二十七年（二〇一五）から遡《さかのぼ》ること二十二年、平成五年（一九九三）、この年に、いわゆる「河野《こうの》談話」が出された。宮沢喜一《みやざわきいち》内閣の下、河野洋平《ようへい》内閣官房長官は、旧日本軍の慰安婦は〈従軍慰安婦〉であるとの韓国からの攻撃をそのまま受け入れ、韓国に謝罪をし、賠償を行なうという談話を発表した。閣議決定はなされていないにしろ、重要なのは〈反日〉イデオロギーによる誤《あやま》った歴史認識を、日本政府が認めたかたちになったことである。

それが起こった年は一九九〇年、一九九一年と諸説あるが、バブル崩壊後の二〇年を超える長期デフレで、日本は著《いちじる》しく衰退した。衰退の原因はもちろん実体経済の不調にあり、衰退という言葉もまさにそれを指す。しかし見逃してはならないのは、日本経済の衰退とパラレルに、誤った歴史認識に基づく日本批判がさらにエスカレートするかたちで積極的になってきているという事実である。

河野談話の発表がエスカレートの契機となったことは間違いなく、そしてまた河野談話が今世紀になって噴出してきた南北朝鮮と中国の激烈な反日運動の根拠ともなっていることとは明らかである。

南北朝鮮と中国。〈反日〉イデオロギーで全体化した一種の〈反日ファシズム〉と言うべき志向性を持っている国は、世界広しといえども北東アジアのこの三カ国のみである。アジアにも他には見つからない。

平成二十五年（二〇一三）十一月八日から三日間の日程で、台湾で開催された日本代表（侍ジャパン）対台湾代表の親善野球試合を記憶している方は多いだろう。試合での選手同士の交歓はテレビ中継などでも伝えられたが、一方また、東日本大震災にいちはやく駆けつけてくれた台北《タイペイ》市レスキュー隊員による始球式の様子、試合後に震災への支援を感謝するメッセージを書いた横断幕を掲げて、球場を一周した日本選手たちの姿が一部のメディア（一部に過ぎないことを私たちは感じ入るべきだ）で報道された。

震災に際して台湾が寄せてくれた巨額の義捐金《ぎえん》は、すでによく知られたことでもある。後ほど詳述するが、調査をとれば80％以上の人々が日本を好きだと答えてくれる。台湾国内に異論のあることは当然だが、台湾は、〈反日ファシズム〉にはまったく陥っていない。ファシズム的ではないことが重要なのである。韓国と同様、戦前の台湾もまた日本が統治していたにもかかわらずである。

これもまた記憶に新しい平成二十五年（二〇一三）春のワールドベースボールクラシック・アジア地区予選での、選手だけに限らない日本と台湾の交歓や、前述の親善野球試合のような心温まる光景が、南北朝鮮や中国との間ではおよそ見られる可能性のないことは、震災以降の四年間でさらに明らかになった。

韓国では、反日活動およびそれに類する言動以外には何もしない朴槿恵《パククネ》大統領が二年以上にわたって国を統治するという異常な事態になっている。慰安婦、戦時徴用訴訟、竹島占領など、かねてから日韓間で問題とされてきた物事がこの三年間でさらに先鋭化し、どうしようもないものになっている。

一方、中国は前述したように平成二十二年（二〇一〇）の尖閣諸島沖漁船体当たり事件から、沖縄県尖閣諸島に向ける牙《きば》を隠そうとはしなくなったどころか、剝《む》き出しにしてきている。その有様を見ればわかるとおり、南シナ海におけるフィリピンやベトナムとの領有権問題で、すでに隠す気のないことが明らかになった中華帝国主義の領土拡張欲を、そのまま尖閣諸島に伸ばしてきている。

平成二十五年（二〇一三）一月から翌月にかけて、海上自衛隊の護衛艦に向けてミサイル発射を前提としたレーダー照射を行なったことに始まり、同年十月には、中国側の言う第一列島線を抜けた第二列島線との間の西太平洋で、人民解放軍海軍の艦隊が、全艦集結して演習を行なうという事態にまでなっている。

中国の反日現象といえば、平成二十四年秋に野田民主党内閣が行なった尖閣諸島国有化以降の、中国共産党の扇動による激しい民衆暴動が鮮烈な記憶を残している。が、これは一方では、平成十七年（二〇〇五）の小泉《こいずみ》内閣時代に勃発した反日暴動が、中国共産党の意向で意図的に、繰《く》り返されたに過ぎない。

〈反日ファシズム〉の原因は「日本」にはない

複数の調査機関によるアンケート結果をはじめ、さまざまなデータがネット上に公開されているので、ここでは詳しく触れないが、他のアジアの多くの国々が日本にシンパシーを感じているのに比較して、南北朝鮮と中国はきわめて顕著に〈反日〉である。それが明らかになれば、次の疑問は当然のように起こる。いったい原因はどこにあるのだろう。南北朝鮮と中国は、なぜ〈反日〉なのか。

多くの人は日本に原因があると考えてきた。または、そう教えられてきた。「先の大戦で日本は世界に対して多大なる迷惑をかけた。とりわけアジアに悲劇を押し付けた。だから、今も反感を買うのはあたりまえであり、謝罪を続けるのは当然である」と、そのように考え、または教えられてきた。非武装・中立・平和主義（これも典型的なレッテル貼りである）を主張する人々にとっては、特に聞こえのいい意見でもある。また、「歴史的・文化的に見て朝鮮と中国は日本の母にあたる国である。最大限に尊重すべきであり、またかしずくべきである」という考え方も、戦後日本の歴史教育を通じて、多くの人々の意識の中に、トラウマのように存在する。

いや、それよりも日本人のシナ理解が、中世以降そのような陥穽《かんせい》にたびたび嵌《は》まっていたことも問題である。明治以降の大アジア主義の最大の問題は、シナの実態と懸隔した幻想を夢見たことである。

本当に日本が悪く、日本に原因があるのだろうか。ここ数年、特に東日本大震災以降に、日本に原因があるとする意見に疑問を持つようになった一般の人々が急増している。

平成二十五年（二〇一三）十月二十四日、韓国文教体育省は韓国旅行業界に、約一〇億ウォンの緊急支援を行なうと発表した。日本人観光客が激減しているためだ。前年同期比で25%強の減少を、韓国メディアは「円安と北朝鮮の核危機の影響」としている。一方、中国からの日本企業撤退の潮流は、経済的・生命的なごくプラグマティックな理由を伴って勢いを増している。

日本に原因はない。原因はむしろ南北朝鮮と中国にある。最近、多くの人々がそう考えるようになったのは、一〇年前から〈特定アジア〉という言葉がネット上で一般的に使用されるようになったのと時期を同じくしている。普通のアジアではない特殊なアジアが〈特定アジア〉であり、具体的には南北朝鮮と中国を指す。

特定アジアが〈反日〉をファシズム化して、自らを客観公正に分析するのを拒否する以上、それらの国々との関係は、我々日本側が整理整頓していかなければならない。今後の日本の進路を大きく左右する重要なテーマであると同時に、これは一三〇年前に活字となっていた「脱亜論」が内包していた課題そのものでもある。さらに遡《さかのぼ》れば、自らを日《ひ》出《いずるところのてんし》処天子と隋《ずい》の煬帝《ようだい》に名乗った聖徳太子《しょうとくたいし》の逸話に託されるべき華夷秩序からの離脱と独立自尊、脱属国の意志、菅原道真《すがわらのみちざね》の遣唐使廃止の背後にある秀逸な外交判断などにもたどりつくテーマである。

本書では、日本と特定アジアは古来また現在どういう関連にあるのかを明らかにし、特定アジアとどう距離を保ち、関係をどう整理すべきか、個別案件に対してどう対処すべきかを考察する。そうする中から、今後の日本が進むべき方向をわずかながらでも指し示すことができれば幸いである。

冒頭に掲げたサラ・ブライトマンの「Time To Say Goodbye」の原詞はイタリア語だが、別れの歌ではない。愛し合う二人の旅立ちを歌っている。英語バージョンにきわめて示唆的な二行があることに気がついて、巻頭の箴言《しんげん》とした。Goodbye は日本が、一〇〇年強にわたって解決すべく与《あずか》り続けている歴史の主題である。

第一章　新しい「脱亜論」の誕生

んだ。

大沢《おおさわ》たかおが扮《ふん》する八田與一《はったよいち》が、大きく手を振りながら、大声で学生たちに向かって叫んだ。

「台湾の農民たちのために、甲子園で優勝してきなさい」

「はぁーい」

陽に灼《や》けた嘉義《かぎ》農林中学（現国立嘉義大学）野球部の学生たちが、笑顔で声をそろえて、八田に返事をする。

台湾映画『KANO』が意味するもの

これは、二〇一四年二月二十七日に台湾で公開され記録的な大ヒットとなり、社会現象まで巻き起こした台湾映画、『KANO』の一シーンである。日本でも平成二十七年（二〇一五）一月二十四日から公開され、静かなブームになっている。

現在の台湾でもそうだが、映画の舞台となった昭和六年（一九三一）に、日本人土木技師、八田與一を台湾で知らない人はいなかった。八田の尽力で開通した嘉南《かなん》運河を船で移動中に八田の姿を見つけた学生たちが、「八田先生、僕たちが甲子園に行くんです」と声を掛けた一コマだ。

それまで公式戦で一勝もできなかった超弱小チーム、嘉義農林中学が、松山《まつやま》商業から監督として迎えられた近藤兵太郎《こんどうひょうたろう》の下で生まれ変わり、台湾予選で優勝し、甲子園の第十七回全国中等学校優勝野球大会への切符を手にした直後のエピソードだった。

永瀬正敏《ながせまさとし》扮する近藤兵太郎監督に率いられた嘉義農林は、甲子園であれよあれよという間に勝ち進み、なんと決勝まで行ってしまう。こんな、まるでアニメのようなストーリーが実話に基づいたものだったので、なおさら台湾人の胸を熱くさせたのである。

嘉南平原は台湾の一大穀倉地帯だが、八田與一の治水事業がなければ、それはあり得ないものだった。だからこそ、日本の敗戦後に大陸から逃げて来た蔣介石《しょうかいせき》率いる中国国民党が台湾を統治することになっても、台湾の人々の八田への思慕は変わることはなかった。台湾の大恩人として教科書に載り、八田が造った烏山頭《うさんとう》ダムのそばには、八田を記念する公園と銅像がある。

ここでお気づきの読者もいるだろうが、台湾の旧制中学が甲子園に出場していたのだから、朝鮮や満洲の旧制中学も甲子園に出場していたはずである。答えはその通りで、『KANO』では、開会式で京城《けいじょう》商業と大連《だいれん》商業が入場行進して整列する光景も描かれている。京城は、日本統治時代のソウルの名称である。

この『KANO』の甲子園大会開会式のシーンに、実は、本書のテーマが見事に表われているのである。なぜ、台湾では『KANO』のような映画が作られたのに、韓国ではそのような映画化の話など聞いたことがないのか。あるいは台湾の八田與一に該当する日本人が日本併合時代の韓国にはいなかったのかという疑問も湧く。答えは否《いな》である。その代表的人物の一人が、歴史家の田中秀雄《たなかひでお》氏が『朝鮮で聖者と呼ばれた日本人　重松髜修《まさなお》物語』（草思社）で克明に描いた、朝鮮の疲弊した農村の振興に尽力した重松髜修である。

むしろ台湾より朝鮮のほうが、重松のような献身的な日本人の数は多かったのではないかと推察できる。というのも、台湾より朝鮮のほうが日本の投入したインフラや教育制度など社会資本が、はるかに多かったからである。

にもかかわらず、韓国からは八田與一や嘉義農林の近藤監督のような話が一向に出てこない。朝鮮の旧制中学の甲子園での、心温まる活躍の話など聞こえてこないのである。それどころか、二〇一一年には、韓国の公園で「日本の統治時代は良かった」と語った、歴史を身をもって知っている九十代の老人が、三十代の韓国人に撲殺されるという事件が起きている。

発表当時は注目されなかった「脱亜論」

今からちょうど一三〇年前の明治十八年（一八八五）に、福澤諭吉は「脱亜論」を書いた。この二二〇〇字にも満たない文章（巻末199～202ページ参照）は、産経新聞の前身である「時事新報」の三月十六日付社説であり、「脱亜論」というタイトルはあるものの福澤諭吉の署名はない。実は、「脱亜論」が有名になったのは第二次大戦後の、しかも一九六〇年代になってからで、大東亜戦争敗戦後にいわば〈一億総懺悔〉の一環として否定的に論《あげつら》われるようになったのである。

日本がアジアを軽視して無謀な戦争を始めたというお定《さだ》まりの公式に乗って、戦前の悪しき思想として捉《とら》えられるようになったことが、皮肉にも「脱亜論」を有名にした要因のひとつである。つまり、日本の〈戦後体制〉の言語空間が、負のベクトルの光で照射したのである。

福澤は「脱亜論」の有名な末尾に、明確に、こう書いた。

《其《その》支那、朝鮮に接するの法も隣国なるが故《ゆえ》にとて特別の会釈《えしやく》に及ばず、正《まさ》に西洋人が之《これ》に接するの風《ふう》に従《したがい》て処分すべきのみ。悪友を親しむ者は共に悪友を免《まぬ》かるべから

ず。我は心に於《おい》て亜細亜東方の悪友を謝絶するものなり》

シナと朝鮮は隣国ではあるが、それだけで特別な感情で接することはできない。西洋諸国が彼らに接するのと同じ方法で、国際的な常識や国際法を以《もっ》て対処すべきである。悪友と親しくすれば共に悪友になってしまうことは免《まぬが》れない。私は東アジアの悪友と精神的に絶交するものである——。以上が現代語訳である。

では、なぜ明治十八年（一八八五）当時に、「脱亜論」と題された社説がそれほど話題にならなかったのであろうか。センセーションを巻き起こしたという記録もない。その理由は後述するが、当時の日本とアジアを取り巻く状況をしっかりと見つめる必要がある。いかなる事象も、二十一世紀の現在の見方や視角、常識で過去を捉えることは、決して歴史ではないからである。歴史を識《し》るには、その時代の中に身も心も思考も置かなければならない。したがって、歴史とは本来的に不可能なものなのである。

当時、アジアの中で独立国として何とか体裁を整えていたのは、シナを統治していた清、清の属国だった朝鮮、そしてタイ王国以外になかった。そのような事情があるにせよ、福澤が《亜細亜東方の悪友》と東アジアに地域を限定していたのは注目される。つまり、《亜細亜東方》とは、現在の〈特定アジア〉に他ならない。インドまで含めた広大な普通のアジアでないことが、きわめて示唆的ではないだろうか。

福澤が「脱亜論」を書いた一〇年後に、日清戦争で日本が勝利し、日本は歴史的に長期間東アジアを支配していたシナを中心とする〈華夷《かい》秩序〉を破壊した。その結果、朝鮮は清の属国から解放された。それと同時に、日本は日清戦争の勝利で台湾を清から割譲した。日本の初めての植民地になったのである。ここで台湾は二重の意味で「脱亜論」の対象から外れるポジションを得た。

というのも、台湾には漢民族でも広東人《カントン》、福建人《ふつけん》が多く、それに加えて原住民族がいた。清の時代からシナの冊封《さくほう》体制、つまり華夷秩序に固く縛られていたわけではなかった。そして、それ以前にはオランダが支配した時期もあり、清王朝は台湾を「化外《けがい》の地」と呼び、野蛮人の住む島というような認識しかなかった。したがって、日本に割譲されても、台湾がその時点で華夷秩序から離れたとは言えないことが重要である。

李登輝《りとうき》元総統のメッセージ

台湾に大きな変化が訪れたのは二〇一四年だった。それも、台湾を起点に東アジア全体を揺るがす大きな地殻変動になろうとしている。その動きは二〇一四年秋には香港《ホンコン》やマカオにも広がった。

『KANO』の大ヒットと時を同じくして、「ひまわり学連」と呼ばれる学生たちが立法院（国会）を占拠する事件が起こり、国民党政権が中国との間で締結しようとしていた自由貿易協定に、徹底的に反対したのである。占拠は一カ月も続いたが、国民党は、一九八九年六月四日に中国共産党が犯した北京、天安門の大虐殺を再現させることはなかった。

台湾の李登輝《りとうき》元総統は、二〇一五年旧正月に、新年のメッセージを発表した。李登輝元総統は日本統治時代に京都大学で学び、学徒出陣で大東亜戦争に出征した典型的な戦中派世代である。

《親愛なる全国の皆様、こんにちは！　あけましておめでとう！

皆様が長期にわたって登輝のことを気にかけ、大切にしてくださっていることに感謝します。

昨年、台湾社会ではとても大きな変化がありました。三月の学生運動が台湾政治を発展させました。若者が自らの知識と能力を用いて、インターネット技術の発達を通じて、全体の力を結集させ、「主権在民」という観念を大声で伝え、台湾民衆の政治への態度を変えさせたのです。これによって人々は政治に参与しなければ政治を変えることができないということを、より理解したのです。

市民の目覚めは、昨年の地方選挙で力量を発揮し、人々が票で執政党への不満を表明しました。この力量は、さらに台湾の民主改革を求め、憲法修正を進めることを要求しています。憲政の改造の工程を通じて共に国家の未来を創り出し、台湾の民主が永遠に発展を続けるようにできるよう望みます。市民の参与により、私たちは改めて台湾の進歩の力を目にし、国家の希望と美しい未来が示されました。

憲政体制の問題のほか、現在、国家の財政・経済・社会正義の問題、世代および土地の正義の問題、いずれもさらなる改革が必要です。私たちは信念を持つ必要がありま す。私たちが引き続き力をあわせて努力しさえすれば、必ず、私たちの社会を変え、私たちの目標と希望を叶えることができるのです。

新しい一年にあたり、私たちが手を携えて台湾の進歩を推し進め、すべての台湾人が尊厳を持って、より良い生活を過ごすこと、また、心をひとつにして私たちの幸せの園を建設し、私たちが愛する台湾を、民主・自由・平等な国家とすることができるよう希望します。

最後に、あらためて皆様の新春が心に沿ったものであり、平安で楽しいものとなりますようお祈りします。ありがとうございます！》

福澤の「脱亜論」は、アジア蔑視ではなかった

前述したように、「脱亜論」は日清戦争を九年後に控えた明治十八年（一八八五）の三月十六日付「時事新報」に掲載された社説だった。このときの日本を取り巻く国際情勢はどのようなものだっただろうか。地政学的な分析がきわめて重要である。

当時、明治政府の最大の脅威はロシア帝国だった。時の皇帝は第十三代アレクサンドル三世。ちなみに一八八五年はトルストイの『イワンのばか』が執筆された年である。ドストエフスキーは一八八〇年に『カラマーゾフの兄弟』を出版し、翌年には没している。

結論を少々急げば、時の明治政府の朝鮮および清への対応は、すべてロシア帝国対策だったと言うことができる。清がロシアに呑《の》み込まれ、朝鮮半島がその手に落ちれば、日本は、喉《のど》もとに強大な軍事帝国の刃《やいば》を突きつけられることになるからだ。清と朝鮮には、毅然としてロシアに対峙《たいじ》してもらう必要があった。

ロシア帝国の極東進出の意志の強固さは、アレクサンドル三世の勅諭によって建設されたシベリア鉄道が、それを物語る。同盟関係を結びつつあったフランスから資本を得てロシア帝国政府がシベリア鉄道を起工するのは、「脱亜論」から六年後の一八九一年。極東の終点を日本からわずか八〇〇キロのウラジオストークに決めて、西の起点チェリャビンスクとともに両端から同時着工、バイカル湖の区間を除いて一九〇一年に一応の完成を済ませ、日露戦争の最中の一九〇四年に全線を開通させることになる。総距離は九〇〇〇キロを超え、現在も世界最長の鉄道である。

このような情勢を強くふまえて、当時の朝鮮および清と日本の関係は、分析される必要がある。きわめて物量文明的なシベリア鉄道をもってロシア帝国の脅威は深刻化するが、その脅威自体、日本は徳川幕府の時代にすでに実感している。ロシア軍艦が対馬《つしま》を占領した文久元年（一八六一）のポサドニック号事件がそれで、不凍港の獲得を国益とするロシアは、対馬芋崎《いもざき》の租借を幕府に求めた。その一年前にロシアは、樺太《からふと》（サハリン）全土の領有を主張するために、江戸に乗り込んできてさえいる。

朝鮮半島から対馬を経由して列島本島に至るルートは、明治以前の日本最大の侵略危機であった元寇《げんこう》において蒙古《もうこ》が使用したルートでもあった。維新後の明治初期に西郷隆盛《さいごうたかもり》らによって提唱された征韓論は、対ロシアの文脈の中でこそ意義をもって考えられるべきである。西郷隆盛の君主にあたる薩摩藩藩主・島津斉彬《しまづなりあきら》は《清国の崩壊を予想し、西欧の日本植民地化を恐れ、朝鮮を確かな国力を持つ国に仕立て、ロシア、イギリス等の南下を食い止めるべき征韓論をすでに述べていた》(『大東亜戦争肯定論』林房雄《はやしふさお》著)のである。

日本と同様に西洋列強の圧迫を受けていた当時の朝鮮半島・李《り》氏朝鮮は、大院君《だいいんくん》政権の下に鎖国・攘夷政策をとっていたが、列強の干渉は止むことがない。国内は政治上の権力争いを主な原因として安定せず、一八七三年の閔妃《ミンビ》一派のクーデターによって追放されるも、大院君は復帰を狙って運動を激化させ、政局はますます混乱していた。

わが国からすれば、朝鮮半島の混乱は日本列島の安全保障を大きく揺るがす。明治政府も国民輿論《よろん》もまた不安を強くしていたことは、想像に難《かた》くない。

江華島《こうかとう》事件と呼ばれる日朝間の武力衝突をきっかけとして、明治九年(一八七六)に明治政府は開国政策に舵《かじ》をきった閔氏政権との間に、日朝修好条規を締結する。条規には、朝鮮は清朝の冊封ではなく、国家主権を持つ独立国であることが明記された。

日朝修好条規を契機に、アメリカ、イギリス、ドイツ、ロシア、フランスの西洋諸国と同様の条約を締結した朝鮮は、否応《いやおう》なく近代化せざるをえない状況となったと言えるだろう。明治維新を経験したわが国は期待したはずだ。島津斉彬が考えていたように、これで朝鮮は《確かな国力を持つ国》となる。わが国は協力を惜しまず朝鮮の独立をキープし、ロシア帝国の南下を阻止しよう……。しかしその思惑は、はずれるのである。

一八八二年に壬午《じんご》事変と呼ばれる政変が起こる。現在のソウル、当時の漢城《かんじょう》で反乱兵士が、閔妃一族の政府高官や日本人軍事顧問、日本公使館員らを殺害した。扇動したのは大院君一派であり、その主張は開国独立から清朝の冊封に戻れというものだった。事変を知った時の最大権力者、閔妃は王宮を逃れ、駐屯していた清国の袁世凱《えんせいがい》に協力を求める。興味深いのは、頼る先が反乱側も政権側も清国であるということだ。当時の朝鮮の政治には国の将来などその中にはなく、政局しか存在しなかった証拠でもあろう。

清国軍の鎮圧によって事変は収まり、一時は政権を奪取した大院君も、反乱の首謀者として清に連行されて幽閉される。政権は閔妃一族が奪還するが、これを機《き》にほぼ袁世凱の傀儡《かいらい》政権と化し、朝鮮はふたたび清朝冊封体制へと傾斜していくのである。つまり、大院君一派であろうと閔妃一族であろうと、国家としての結果進路は同じなのだ。話し合いで解決すべき案件とは、まさにこういったことであろう。

日本側からすれば、増幅した不安がさらに増す事件が二年後の一八八四年に起こる。甲《こう》中《しん》政変と呼ばれる、冊封体制志向・事大《じだい》派に対抗する開化派のクーデター敗退の事件である。

開化派・独立党の金玉均《きんぎょくきん》をはじめとするクーデター陣営の計画は、朝鮮国王をいただく立憲君主国を樹立し、近代化についてはその協力を日本に仰ごうとするものだった。当然、明治維新の影響を受けたものである。清仏戦争の最中という機を捉えてクーデターは実行に移され、開化派は一時的に新政権の樹立に成功するが、閔妃が国王と自身の救出を秘密裏に清国に要請。袁世凱の軍隊一五〇〇人の前にクーデター軍は敗退する。一八八五年四月に日清間で結ばれた天津《てんしん》条約は、この事件を契機としている。条約中の朝鮮派兵の際の事前通告義務の条項が、後の日清戦争に深く関連することになるのは、周知のとおりである。

清仏戦争に敗れてインドシナをフランスに奪われた清にとって、朝鮮冊封は譲ることのできない国益となり、朝鮮側もそれに寄り添う結果となった。わが国は、いよいよ最悪と言っていい事態に直面することとなったのである。

以上が「脱亜論」が掲載された明治十八年（一八八五）を取り巻く情勢である。そして先に記したとおり、当時「脱亜論」は、巷間《こうかん》に反響を呼ばなかったらしい。それについてはの言及は社説掲載からなんと六六年の後、昭和二十六年（一九五一）に「福沢研究」第六号に掲載された歴史学者・遠山茂樹《とおやましげき》の論文「日清戦争と福沢諭吉――その歴史的起点について」まで待たなければならなかったのである。

反響を呼ばなかったのは当然だろう。つまり〈脱亜〉は、当時の輿論《よろん》においても、当然に近い考え方だったからだ。あたりまえの話であり、簡単に言えばみんな「もう、いやになった」なのである。

福澤諭吉が朝鮮の開明派、開化派を骨身を惜しまず支援し、朝鮮の文明開化のために貴族階級が蔑《さげす》んでいたハングル文字を、漢字と併用するよう提言したり、金玉均への個人的支援も大きかったのである。

「脱亜論」が掘り出されたのは一九六〇年代以降

「脱亜論」が一般的に知られるようになったのは、先述のとおり一九六〇年代からである。日本帝国主義の侵略志向、脱亜入欧思想を代表する論説との文脈の中で、戦前の日本を非難するネガティブ・キャッチフレーズとして使うのにたいへん便利であったらしい。アジア蔑視《べっし》・日本優越論の最たるものだと「脱亜論」を捉える向きは日本国内にも多く、さらに現代の南北朝鮮および中国において「脱亜論」への評価がすべてそうであるのは、日本からの輸入である（慰安婦問題や南京事件問題と事態はまったく同じだ）。

ここまでお読みいただいた方にはおわかりいただけることと思う。歴史の事実関係から見ても「脱亜論」はアジア蔑視・日本優越を謳《うた》った論ではない。学習院大学法学部教授・坂本多加雄《さかもとたかお》氏は平成九年（一九九七）刊の著書『新しい福沢諭吉』（講談社現代新書）の中で、《「脱亜論」は、日本が西洋諸国と同等の優位の立場でアジア諸国に臨むような状況を前提にしているのではなく、むしろ逆に、朝鮮の一件に対する深い失望と、強大な清国への憂慮の念に駆られて記された文章ではないか》と言及しており、筆者はこの意見に与《くみ》する。

朝鮮の一件とは、前述、明治十七年（一八八四）の甲申政変を指す。日本は侵略を画策したのではない。当時の朝鮮および清への対応のすべては、ロシア帝国の極東侵攻に対する防衛策だったのであり、「脱亜論」は防衛論なのだ。

そして本書も同じく、防衛論のひとつとして読まれても、一向に差し支えない。「脱亜論」が書かれた当時の明治が果たすことのできなかった《我は心に於て亜細亜東方の悪友を謝絶するものなり》を、つまりGoodbyeを、今こそ果たすべく書かれる新しい「脱亜論」なのである。

アジアの情勢は福澤諭吉の時代とはもちろん異なる。現在のアジアの、とりわけ北東アジアの位置関係がよくわかるのがいわゆる六者（日本、中国、韓国、北朝鮮、ロシア、アメリカ合衆国）協議の有様であり、次項でそれを明らかにしていこう。平成十五年（二〇〇三）の第一回当時と比べ、そのパワーバランスと役割の矮小化が平成二十五年（二〇一三）を境に大きくなりつつあることを確認すべきである。

中国の冊封体制のもとに里帰りする韓国

北朝鮮核開発問題の解決のために平成十五年八月に第一回が行なわれた六者協議は平成二十年（二〇〇八）に第六回が行なわれて以降、中断というかたちになっている。外務省による公式名称は「六者会合関連協議」である。

中断の直接の原因はもちろん、平成二十一年（二〇〇九）四月十四日に北朝鮮外務省が発表した六者協議離脱声明だ。執筆時点での直近の動向としては平成二十五年十一月六日（現地時間）に六者中の三カ国、日本、アメリカ、韓国の協議首席代表がワシントンで会合している。会合後の韓国外交部趙太庸《チヨテヨン》朝鮮半島平和交渉本部長の記者会見によれば「韓米日が北の核問題解決に向けて抱いている共感を確認した」。

それに先立つ同年九月、わが国政府の菅義偉《すがよしひで》官房長官は北朝鮮が寧辺《ニョンビョン》の実験用黒鉛減速炉を再稼働させたとみられる件について、再稼動の狙いは核保有国の立場の既成事実化だと述べて、非核化に向けた具体的な動きがない限り六者協議の再開には応じない意向を示しており、韓国代表の言う共感とは、具体的にはそれと同じ内容を示している。

現在の状態は、盛んに協議再開のコーディネートに動いている中国に三カ国がノーと告げて拒否しているというかたちだ。中国がなぜ積極的に動いているのかというその動機については、北朝鮮の核脅威を理由とする日本の核武装化阻止のためといった大局論をはじめ、諸説ある。一方北朝鮮は、アメリカが対北朝鮮敵対政策を撤回しない限り非核化事前措置をとることは絶対にないというテンプレートを、強弱をつけて繰り返すのみである。

六者協議の内容について触れるスペースは今はなく、ここで考えたいのは六つの国のポジションであり、パワーバランスである。北朝鮮を囲んで、日本・アメリカ・韓国の自由陣営の枠組みと中国の枠組みがある。それをやや俯瞰《ふかん》でもするようにしてロシアがいる。北東アジアのポジショニングは大方そのように見え、その見え方は六者協議の第一回から変わることはない。しかし、見え方とその実情が変わらず一致しつづけているとは限らない。

平成二十五年十一月十三日、ロシアのプーチン大統領が韓国を公式訪問し、朴槿恵大統領と会談を行なった。そのときに出された声明に盛り込まれた一文に注目をしておきたい。

《（韓露）双方は最近、歴史に逆行する言動が障害となり、北東アジア地域の強い協力潜在力が実現しないことに関し、共同の憂慮を表明した》（二〇一三年十一月十四日付「産経新聞」）

《歴史に逆行する言動》とは間違いなく日本の振る舞いのことを言っている。また、これは、掲載記事中で産経新聞社記者も付記していることだが、正しく共同で出されたものというよりもプーチンのリップサービスであって、韓国側の意向を強く汲《く》んだものとみて間違いない。

二国大統領の会談において第三者の、国際的に深刻と判断された事件を起こしているわけでもなんでもない他国をほぼ名指しのかたちで批判することは、異例中の異例である。

韓国はあせっている。

なぜ韓国はあせっているのか。復興のきざしを見せる日本経済、特に円価値の動きに敏感に反応する韓国経済は、急激な衰退傾向にある。韓国の、弱まっていく国力への不安にさらに追い討ちをかけていると思われるのが、弱くなりつつある米国である。経済的、そしてまたそれを背景とした軍事予算の相対的減少傾向にある米国の弱体化という実態である。平成二十五年十一月一日に、毎日新聞が次の記事を掲載した。

《来日中のアーミテージ元米国務副長官が自民党幹部と東京都内で会談し、歴史認識問題を巡って「従軍慰安婦問題に触れないでほしい」として強い懸念を伝えていたことが31日分かった。安倍晋三首相の靖国《やすくに》神社参拝に関しても「これまで積み上げたものを全て壊すインパクトがある」と強調した》

該当の記事を含め、わが国内メディアその他の論調はおしなべて、日米関係に悪影響を与える、アメリカを敵に回すな、という安倍晋三内閣への非難だった。この非難はまったく妥当なものではないが、アーミテージの思惑はそのとおりだろう。まさしくおとなしくしていろ、と言いに日本に来たのだ。

では、なぜおとなしくしていろ、と言ったのか。簡単に言えば、河野談話の見直しも、しいていえば憲法改正も、アメリカに金が溜まるまで待ってくれ、ということではないのか。アーミテージの言は、まさに弱くなったアメリカを象徴しているものと解釈することも可能である。

二〇一〇年十一月に起きた延坪島《ヨンピョンド》砲撃事件と呼ばれる北朝鮮・韓国間の武力衝突に際しても、米国は同盟関係にありながら何もしてくれなかったと韓国側は考えている。韓国が現在、中国に大きく接近しているのは、まず、経済的な観点や歴史的な遺伝子による動きと同様に、安全保障の観点からも、米国がアテにならなくなってきたと踏んでいるからだ。こちらには中国がある、という事大主義は、「福澤脱亜論」当時の閔妃、大院君の方法論とまったく変わるところはないのである。

中国にとって日本列島は「核心的利益」

韓国メディアに最近、次のような論調がある。日米安全保障条約は日本が暴れだささないようにアメリカが引き締めている手綱である、という論調だ。かつて盛んに言われた「ビンの蓋」論そのものだが、これは中国共産党や中国メディアが言い続けている論調であり、韓国メディアが同調を始めたということに他ならない。韓国は中国と同じ外交理論を日本に対してとりつつあり、日本を実質的な脅威として分析を始めている。

その実、一方ではこんな話がある。平成二十五年八月に開催された「第七回日韓次世代指導者交流事業」の会合で、韓国側の高官が日韓スワップの消滅について「代わりに（中国と）結んだ元・ウォンスワップは、国際通貨同士のスワップではないから意味がないことはわかっている。しかし、いざとなったら日本が必ず助けてくれる」と本気で語ったというのだ。

そして、六者協議の第一回から大きくその様を変えつつあると思われるのが北朝鮮のポジショニングである。現時点ではあくまでも憶測に過ぎないが、経済支援のための外交折衝の主軸を、現在のアメリカから日本にシフトしようとしている、という情報を私自身、信頼できる筋から耳にしている。北東アジアにおける深刻で重要な北朝鮮という変数が性質を変えようとしているのである。

シナ大陸の歴史上初めてと言っていい、太平洋へと向かう海洋国家志向を強めている中国にとって、日本列島はまさに「核心的利益」であり、それゆえに中国の〈反日〉イデオロギーは強まることはあっても弱まることはない。それに対して韓国はあからさまに擦《す》り寄り、北朝鮮は中国の脅威を背景にかりつつ、アメリカと折衝してきた戦略の見直しを始めている。ロシアにおいては当然ながら天然ガスの売り先を求めて、中国の軍事力を警戒しつつ、南に対して戦略を練っている。

国益のありか、時々に応じて、関係を見直すのは外交上あたりまえのことだ。しかしながら一見、功利で動いているように見えても、南北朝鮮には中国の冊封体制になじんできた歴史の遺伝子が国家の根底にある。そして、あろうことか、現在両国とも、いざとなったら日本が助けてくれると考えている節《ふし》が強い。この状況に既視感があるのは、日清戦争の前夜に朝鮮がとった振る舞いとあまりによく似ているからである。

失敗は繰り返してはならない。後にもう一度触れたいが、何を馬鹿なことをと笑われることを承知で言おう。日本は今後、絶対に朝鮮を併合してはならない。

心配なのは、明治の「脱亜論」当時の日本人と比較しても、現在の日本人が中国と朝鮮に対してあまりにも自虐的であるということである。主にGHQの洗脳工作や戦後教育をその原因として刷り込まれた悪なる日本、大陸を母と位置づける日本民族および文化観。これらは確実にかたづける必要がある。

まずは民族観と文化観だ。日本民族は半島経由で列島に流れてきた民族ではない。日本文化は大陸に教えられたものではない。日本の独立自尊は精神的なものに頼るまでもなく、きわめて実体的なものとして明らかにできる。次の項でそれを確認していこう。

民族的に朝鮮民族、漢民族とは異なる日本人

日本の独自性ということを考えるとき、たびたび引き合いに出されるのが一九九六年に発刊された邦題『文明の衝突』の一冊だろう。著者はアメリカの国際政治学者、サミュエル・ハンチントンである。

ハンチントンは『文明の衝突』の中で、文明を八つに分けた。中華文明、ヒンドゥー文明、イスラム文明、日本文明、東方正教会文明、西欧文明、ラテンアメリカ文明、アフリカ文明の八つであり、日本を独立、または孤立した一個の文明圏と分析している。孤立ということの意味は、他の文明が複数国からなるのに対し、日本文明が日本一国だけの文明であるからだ。

『文明の衝突』の大方の主旨は、ソビエト連邦崩壊後、つまり冷戦後の世界秩序の分析と今後の見通しということであり、乱暴に結論すれば、世界秩序はもはやハード（軍事的）

パワーではなくソフト（文明）パワーが支配する、ということになろう。現在ではほぼ常識的に捉えられる次のような考え方、たとえばアメリカに対するテロリズムは、キリスト教対イスラム教の対立である、といった見解は、この著書を起源とする予見である。『文明の衝突』が、歴史的および文化的視点から練りこまれた研究書であるにせよ、ハンチントンの出自が国際政治学であり、アメリカの安全保障研究であることには注意する必要がある。日本には孤立した一個の秩序でいてもらわねばならない、中国に取り込まれた秩序となってはならない、そうでなければアメリカの安全保障および国益上大きな障害となる。

つまり、わが国が明治期に朝鮮半島に対して抱いていたのと同様の外交観を含んで描かれた俯瞰図が、ハンチントンの八つの文明、そのうち孤立文明・日本である可能性は高い。イデオロギー的に日本優越を旨とする向きには聞こえのいいハンチントンの「日本文明」だが、いくぶんかは差し引いて考える必要があり、しかし、それにつけても『文明の衝突』が示唆に富んでいるのは間違いないことである。日本の独自性を「日本文明」と言い切る言及が、それまで存在しなかったからだ。

とはいえ、日本の独自性、とりわけシナとの違いは、過去、盛んに取り沙汰されてきた。たとえばトロイア遺跡発掘で知られるハインリッヒ・シュリーマンが慶応元年（一八六五）の来日時に書き残した《日本人が世界でいちばん清潔な国民であることは異論の余地がない》という一節は有名だ。シュリーマンはまた、こんなことも言っている。

《彼らは――ほかのどの国の経験とも合致しないのだが――船は色を塗らないほうが保ちがいいと考えているのである。さらに、シナ人なら忘れることのできない、船首の二つの目玉が、日本の小船にはない》

（『シュリーマン旅行記　清国・日本』石井和子訳、講談社学術文庫）

後にふたたび触れるが、船についての言及であること、色を塗らない文化があること（伊勢神宮は白木の美だ）、シナ人なら忘れることのないことをしない――つまり基盤にシナがない、ということが特に象徴的な一節に思えて引用した。日本の独自性についての言及が、幕末から明治の初めに来日した多くの西欧人たちの日本滞在記録に夥《おびただ》しく見られることは、渡辺京二《わたなべきょうじ》氏の名著『逝《ゆ》きし世の面影』（平凡社ライブラリー）にてご存じの方も多いだろう。

独自性ということを追求するとドグマに陥りがちである。「独自である、だから偉い、すごい」は本書の主旨ではない。ちなみに、「独自であっても同じ人間であり同じ人間である限りは云々」というのも、優越論とまったく変わらぬレッテル貼りイデオロギーである。「偉い、すごい」は、時々に使用されるべき戦略的価値観なのであって、時々の状況・局面・他者との関係性によって姿の変わるべきものだ。まずは、独自であること、違う、ということを客観的に確認することが重要なのであり、本書ではこれから日本民族は半島経由で列島に流れてきた民族ではないこと、日本文化は大陸に教えられたものではないことを、客観的に確認していこうと思う。

柳田國男《やなぎたくにお》が『海上の道』で示唆《しさ》したこと

民俗学者、柳田國男（一八七五〜一九六二）に『海上の道』という昭和二十七年（一九五二）の講演記録がある。その中で柳田國男は、こんなことを言っている。

《もちろん私は椰子《やし》の実の漂着地の一つをもって、原始日本人の上陸点と見ようとするのではない。しかし少なくとも日本の海岸線の数千里の延長の中で、特に殊邦《ことくに》の物の流れ寄りやすい区域が限られ、従って久しく世に知られずに過ぎたという点は参考になり、同時にまた簡単なる学校地図によって、ここが近いからこの辺から渡って来たろうなどと、まるで飛石伝《とびいしづた》いのような早合点をする人を、笑ってもよいことになるのである》

柳田國男は《海を環《めぐ》っている潮流のこまごまとした枝分かれ、常吹く風の季節毎《ごと》の移動など》こそが民族と文化を形成すると考える。そして次のように言う。

《人と椰子の実とを一つに見ようとすることはもとより不倫な話に相違ないが、島の人生の最初を考えてみれば、これもまた漂着以外の機会はあり得なかった》

つまり柳田國男は、日本は「漂着」をもっぱらの要因として出来上がった海洋自然国家である、と言っており、筆者も実にそう思う。《ここが近いからこの辺から渡って来たろう》などといった具合に、大陸・半島の意思または設計は、そこには働いていないのだ。

そしてここが重要だ。《ここが近いからこの辺から渡って来たろうなどと、まるで飛石

アジア・太平洋地域における
Y染色体ハプロタイプによるグループ分布図

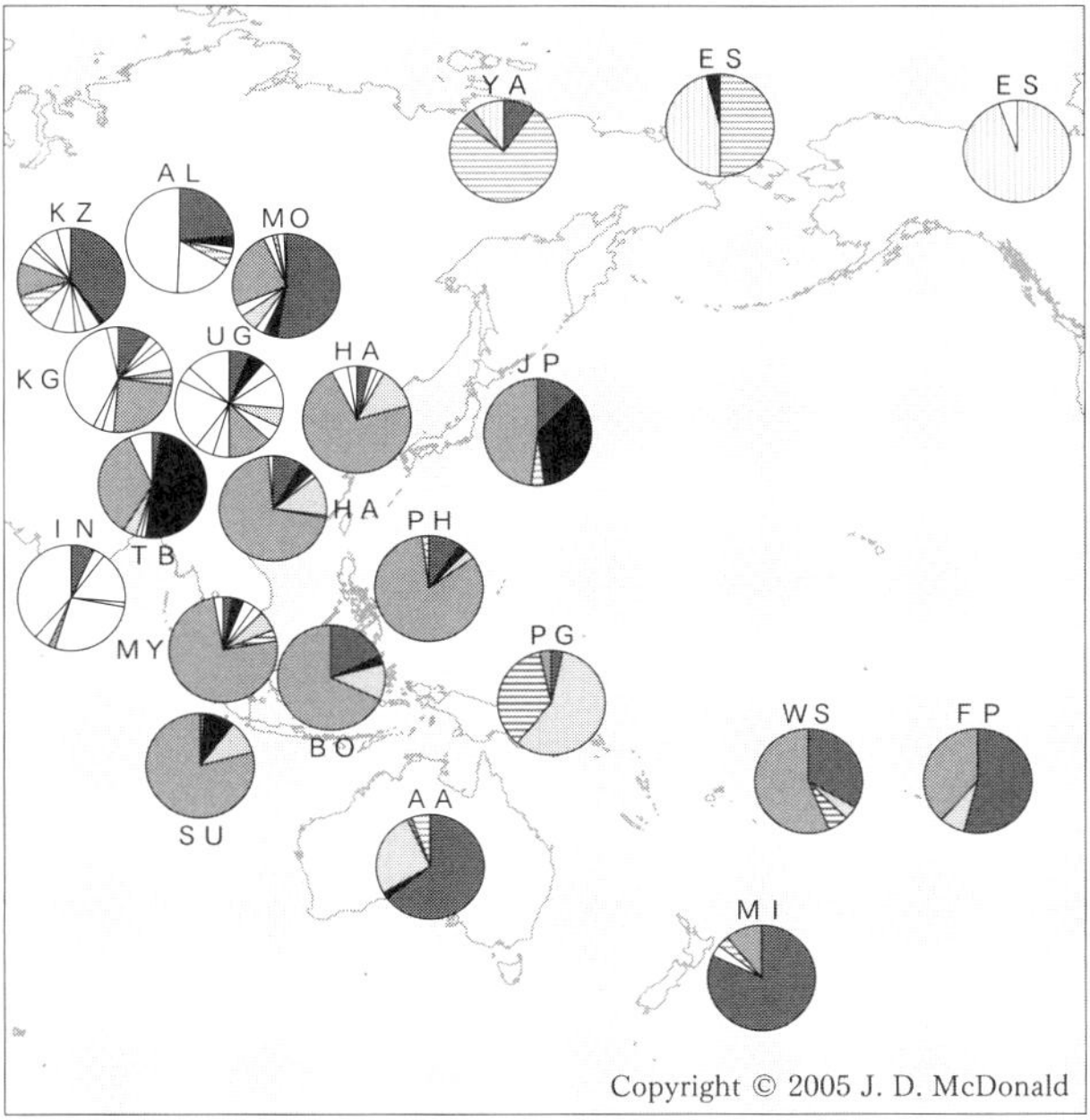

C	AA　アボリジニ	MI　マオリ	
D	AL　アルタイ	MO　モンゴル	
K	BO　ボルネオ	MY　マレーシア	
M	ES　エスキモー	PH　フィリピン	
N	FP　ポリネシア	PG　パプア・ニューギニア	
O	HA　中国・漢	SU　スマトラ	
Q	IN　インド－ヨーロッパ	TB　チベット	
その他	JP　日本	UG　ウイグル	
	KG　キルギスタン	WS　西サモア	
	KZ　カザフスタン	YA　ヤクーツ	

1500年ごろに始まるヨーロッパ人の世界進出以前の状況を示す。注目すべきは「D」の割合で、日本人に最も近いのはチベットである。逆に漢民族とはまったく違うことがわかる

伝いのような早合点》が間違いであることが、最近の遺伝子研究において証明されたのである。

ハプロタイプという遺伝子学用語がある。染色体の遺伝的構成、DNA配列のことを指し、疾病《しっぺい》の遺伝的要因解析をはじめ、家系調査などにも使われる。つまり、ハプロタイプが同じ、または似ていれば、民族的に同じ、または近いということができる。それぞれ近いハプロタイプの集団を「ハプログループ」と呼び、61ページの図がアジア・太平洋地域におけるハプログループの分布図である。日本と朝鮮・中国がまったく異なったハプロタイプであり、別途のハプログループに属することがおわかりいただけることと思う。

注目すべきは構成因「D」のパーセンテージであり、日本は朝鮮、中国とまったく異なる構成を見せている。日本民族に近いと思われるのはチベット人のハプロタイプだ。

日本民族は、その外見が似ているという点で、海外からも、また日本国内においても、漢民族や朝鮮民族と同類と見なされることがひじょうに多い。しかし、遺伝子的にまったく異なる民族であるということは、これをもって明らかだろう。遺伝子的に違うということは、つまり我々は朝鮮・中国とは違う民族であるということであり、日本民族は半島経由で列島に流れてきた民族であるという考え方は、まったく《ここが近いからこの辺から渡って来たろうなどと、まるで飛石伝いのような早合点》でしかないのだ。

日本は「漂着」をもっぱらの要因として出来上がった海洋自然国家である。大陸の思惑なしに自然に成り立ってきた海洋国家であり、そしてまた巷間で少なからず言われるような古代における大陸民族による征服・民族交代などなかったことは、遺伝子科学が証明しているのだ。

半島経由で教えられたという誤解の多い稲作文化においてもまた、柳田國男の『海上の道』に重要な示唆がある。


《現在の通説（昭和二十七年〔一九五二〕時点であることに注意されたい・西村注）かと思われるのは、ちょうど縄文期と弥生式期の境目の頃に、この国へは籾種《もみだね》が入ってきて、それから今のような米作国に、おいおいと進展したということらしいが、それがまず自分には承服し難《がた》い。あらゆる穀作にも通じて言えることだが、稲にはことに年久しい観察に養われた、口伝とも加減とも名づくべき技芸が備わっていた。籾種ばかりただひょいと手渡されたところで、第一に食べてみることすら出来ない。単に栽培者が自ら携えて来たという以上に、父祖伝来の経験が集積調和して、これを教訓の形をもって引き継がれなかったら、この作物の次々の改良はさておき、外部のいろいろの障碍《しょうがい》にすらも、対抗することが出来なかったろう。すなわち最初から、少なくともある程度の技術と共に、あるいはそれ以上に米というものの重要性の認識と共に、自ら種実を携えて、渡って来たのが日本人であったと、考えずにはおられぬ理由である》

そしてその四七年後の平成十一年（一九九九）に、ニーチェ研究の思想家で評論家である西尾幹二《にしおかんじ》氏によって、その誤《あやま》てる歴史観がふたたび痛烈に非難される。

《水田稲作の文化を担った主体は縄文人である。縄文人といい、弥生人といい、考古学上の名称であって、人種や民族の呼び名ではないのに、どういうわけか誤解がある。誤解は紀元前三〇〇年頃に、おびただしい数の渡来人が上陸し、次々と生活域を広げる「民族大移動」があった、という漠然たる思い込みが一部の研究家の意識をしばっているからである。

渡来人による戦闘も征服もあったかもしれないと彼らは言う。渡来人とともに訪れた新しい生活システムの開始はいわば「文明の夜明け」であった、水田稲作はその代表である、とも言いつのり、どこまでも弥生時代の変革の主体は渡来人であったとみなす「先入見」が、しだいに教育界にも広まっている》（『決定版　国民の歴史　上』文春文庫）

これは同時に、一部であるにせよ戦後日本の歴史学の異常さがわかる証拠のひとつでもあろう。戦後すぐに柳田國男によって疑問が提出された歴史解釈が、二十一世紀にもなろうかというときまできて、改められるどころか教育レベルでの普及へとパワーアップするのである。

柳田國男の《ちょうど縄文期と弥生式期の境目の頃に、この国へ籾種が入ってきて、それから今のような米作国に、おいおいと進展したということらしいが、それがまず自分には承服し難い》という疑問の正当さ、西尾幹二氏の《渡来人とともに訪れた新しい生活システムの開始はいわば「文明の夜明け」であった、水田稲作はその代表である、とも言いつの》る研究家への非難の的確さは、いよいよ科学的に明らかになる。次に詳しく触れたいが、民族の一件と同様、日本の稲と半島の稲は、遺伝子レベルで異なっていたのである。

民俗学者柳田國男の直観が、半世紀以上たって科学的に証明されたのである。

日本の、稲作をはじめとする文化は、半島・大陸から伝えられたものではないこと、日本は海洋国家であり、そうであるからにはつきあうべきアジアが朝鮮、中国の他に歴然とあることを、続いて確認していきたい。

海洋民族としての日本人、海洋国家としての日本

世界地図、わけてもアジアについて語るときに用いられる地図は、その位置関係からあたりまえのことではあるが、中国を中心に描かれる。戦後日本の教育において一貫して行なわれてきた日本という国は半島経由大陸主導で成り立ってきたという歴史・文化観は、知らないうちに、大陸に寄り添っている日本列島、朝鮮半島のその続きとしてある日本列島という地図解釈を、多くの人に植え付けもする。

もちろん、それは間違っている。日本は古来、西側の大陸ではなく南方の海へ大きく開かれた世界観をもっている海洋国家だった。現在もそれに変わりはないのだが、そこにピンとこない多くの日本人がいることもまた事実である。

「我は海の子」という文部省唱歌がある。平成十九年（二〇〇七）に文化庁および日本PTA全国協議会主催による「日本の歌百選」に選定されており、現在、次の三番までの歌詞が教科書に載っている。

我は海の子（文部省唱歌）

一　我は海の子白浪《しらなみ》の
さわぐいそべの松原に
煙たなびくとまやこそ
我がなつかしき住家《すみか》なれ

二　生れてしおに浴《ゆあみ》して
浪《なみ》を子守の歌と聞き
千里《せんり》寄せくる海の気《き》を
吸いてわらべとなりにけり

三　高く鼻つくいその香に
不断の花のかおりあり

なぎさの松に吹く風を
いみじき楽《がく》と我は聞く

海辺に生まれた「我」の、ふるさとをしみじみと感じ入る歌ともっぱら解釈される内容だが、「我は海の子」が明治四十三年（一九一〇）に尋常小学読本唱歌として発表された際には七番まであった。四番以降を次に掲げる。歌詞の内容は、海辺のふるさとというイメージから世界を大きく広げることになる。

四　丈余《じょうよ》のろかい操《あやつ》りて
行手《ゆくて》定めぬ浪まくら
百尋千尋《ももひろちひろ》の海の底
遊びなれたる庭広し

五　幾年《いくとせ》ここにきたえたる
鉄より堅きかいなあり

吹く塩風に黒みたる
はだは赤銅《しゃくどう》さながらに

六
浪にただよう氷山《ひょうざん》も
来《きた》らば来れ恐れんや
海まき上ぐるたつまきも
起《おこ》らば起れ驚かじ

七
いで大船《おおふね》に乗出して
我は拾わん海の富
いで軍艦に乗組みて
我は護《まも》らん海の国

このうち最後の七番がまず戦後のアメリカ、GHQの占領体制において、軍国主義的内容であることを理由に教科書から削除され、昭和二十二年（一九四七）を境に「我は海の子」は、教科書では三番までの歌となる。まったく馬鹿げた言論統制である。

注目していただきたいのは、日本を「海の国」と明快に言い切っている国家観だ。四番の歌詞など、主人公は海洋民族であるとしか言いようがない。

まるでそれは、東シナ海や日本海の暗い海底に引き込まれた引きこもりが、一気に海上に飛び出し、明るい太陽を求めて南の空に飛び立っていくかのようだ。

日本はまさに海の国である。海に遠い山間部においてさえサメを食材とする文化があり、結納の品はのし鮑《あわび》、鰹節《かつおぶし》、スルメ、昆布である。戦前の日本人は、日本にとって海洋がどれほど重要なものであるかを知っていた。「我は海の子」はそれを象徴している。

反して、と言ってもいいだろうと思う。現代の日本人の多くは、まったくこの意識を失っているのではないか。その傾向は領土問題に顕著に表われている。特に尖閣諸島をとりまく問題への意識の低さ、または経済功利をもっぱらの動機とした中国に対する譲歩、竹島など韓国に譲ってしまえばいいじゃないかと平然と言い放って平和主義を気取る文化人風タレント（中には朝日新聞論説主幹だった若宮啓文《わかみやよしぶみ》や国会議員となった者さえいる）、およびそれを喝采する多くの人間の痴呆的真面目顔は、テレビをはじめとするマスメディア上に明らかだ。

うがった見方をするならば、右記の傾向はすでに戦前からあり、「我は海の子」はあえて当時に歌となる必要があったのではないかとも思う。西欧列強によって植民地化されていた当時の東南アジアは、わが国の安全保障上の大きな脅威だった。日本がとった戦略は東南アジア各国の再独立推進であり、島津斉彬《しまづなりあきら》の言った「確かな国力を持つ国」の再構築である。大東亜戦争終戦後に東南アジア各国は独立し、大戦の真の敗者は西欧列強であるとさえ言われる場合のあることは、すでに世界的にも周知である。

そして現在の東南アジア各国は、平成二十四年（二〇一二）十二月二十六日に就任以来の二年余りをきわめて精力的な外遊にもあてた安倍晋三首相に対する各国の反応を見るまでもなく、安全保障上の動機をもちろん含めて、大の親日国となっている。現在の脅威が中国共産党の中華帝国主義にあることは言うまでもない。

日本における「海人《かいじん》」という人々の存在

話を戻そう。わが国が海洋国家、とりわけ海という自然の力と時間によってなった海洋国家であることを裏付ける事実がある。「海人」と呼ばれる人々の存在だ。

日本・東南アジア史学者の清水元《しみずはじめ》氏に『アジア海人の思想と行動』（NTT出版、現在絶版）という平成九年（一九九七）刊行の著書がある。幻の名著と言うべきもので、書かれているすべての当否は別として、同書は〈海洋国家としての日本〉を考える上での示唆に富み、実はここ数年来、同書の清水氏の主張に強い感銘と教示を受けている。

「海人」は「かいじん」と読む。海を糧《かて》として生きる人、といったほどの意味合いである。総合研究大学院大学名誉教授の人類学者、秋道智彌《あきみちともや》博士は、その著書『海洋民族学——海のナチュラリストたち』（東京大学出版会）の中で「海人」について、次のように説明している。

《海人をアマと読むと、日本全国にひろく分布する海士・海女を意味する。アマ（海士・海女）は潜水漁に従事する集団をさすが、かつて古代にはアマは潜水漁だけでなく、漁撈や製塩に従事する人びと、航海者、船上居住者などを包括する用語であった》

日本の歴史は、もとより列島に閉じられて連続してきたものではなく、アジア地域と深く関わり、さまざまなものを交換しながら年月を経て今に至る。清水元氏はこう言う。

《この歴史は東・南シナ海を舞台（内海）として展開され、この海域を生活圏として生きる「海人」をその主人公としている》（『アジア海人の思想と行動』）

清水氏が《日本の歴史の主人公》と明快に述べている「海人」の拠点は、西海《さいかい》（九州西北部）にあった。その地理的な有様は《黒潮の勢力が強く、南風の吹く日も多い夏に中国沿岸から出た船が漂流した場合は、西九州あるいは朝鮮半島に流れ着く可能性が高く、反対に冬に九州を出た船は、冬季の偏西風である北西季節風の影響もあって、中国南部、ベトナム、タイ、フィリピン辺りまで流される可能性がある》（同書）。

さらに清水氏は《西海の海人のルーツは、日本人の起源にもかかわる大問題》であるとし、《揚子江の河口を中心に東シナ海沿岸地方で半農半漁の生活をしていた非漢民族（傍点・西村）の江南《こうなん》沿岸漁撈民がそのルーツだ》とする民族学者・岡正雄《おかまさお》（一八九八～一九八二）の学説を引く。

江南地方に王朝らしい王朝、呉《ご》と越《えつ》が出現するのは紀元前五世紀後半、ともに漢民族の王朝ではなく、江南の覇権争いに「海人」を組織した水軍を大いに活用した。戦火の時代に難民も少なくなかったろうと推察されるが、さらにその後、紀元前二世紀中葉に漢民族王朝の前漢《ぜんかん》が江南に南下を始める。呉・越の多くの民が押し出されて難民化し、その一部は潮流に乗って日本列島にもやってきた可能性が高いという学説である。そのうえで清水氏はこう述べる。

《今日の研究では、日本列島と琉球列島に固有の文化とされている縄文文化でさえ、中国江南地方との交流と無縁のものではなかったことが明らかにされている。(中略)おそらく、日本に稲が伝来したのも、縄文期における江南地方とのこうした交流を通してのことだったのであろう》

見直されつつある稲作文化の伝播ルート

注目すべきは、同様のアプローチが、農学、植物学の分野においても遺伝子レベルで研究が行なわれていたということである。現・総合地球環境学研究所名誉教授で、植物遺伝学者の佐藤洋一郎《さとうよういちろう》農学博士が平成四年(一九九二)に発表した「ジャポニカ長江《ちょうこう》起源説」を中心とする学説がそれだ。

端的にまとめると、日本列島のジャポニカ米の起源が、揚子江中・下流域にあることを遺伝子レベルで発見したことから始まる、さまざまな学説である。ジャポニカ米には二種類あり、《ごく端的に表現するなら、温帯ジャポニカが水田稲作を代表とする集約的な稲作に支えられた稲。熱帯ジャポニカは焼畑を代表とする粗放な稲作に支えられた稲である。――熱帯ジャポニカは縄文時代に西日本に伝わり、粗放な稲作に支えられていたと考えられる》（『DNAが語る稲作文明』NHKブックス）。

そうして、縄文時代末期に、温帯ジャポニカが水田稲作の技術を伴って日本列島にやってくるわけだが、ここに、稲作は朝鮮半島経由でやってきた、という説が登場する。しかし、ここにおいても遺伝子というものが、そうやすやすとは朝鮮半島経由説を裏付けないのだ。同じ温帯ジャポニカであっても、大陸と日本列島には存在する遺伝子が朝鮮半島には存在しないのである。その一方で、大陸にはわずかにしか存在しない遺伝子が、日本列島と朝鮮半島には多く存在する。

ここから導かれる一般的な結論は、稲作の伝播《でんぱ》ルートは、大陸から直接渡ったルートと朝鮮半島から伝播したルートの、ふたつのルートが共存したということである。しかし、はたしてそうなのかという疑問は、朝鮮半島の温帯ジャポニカがその起源であるはずの大陸の温帯ジャポニカから落としてしまった遺伝子を、どうして日本のそれが持っているのか、ということから当然のように生まれはしないだろうか。現在、そうした疑問をはじめとして、さまざまな見地からの「稲の日本発朝鮮半島伝播説」さえ盛んに研究されているのである。

私見では、稲作を朝鮮半島に教えたのは日本であり、大和朝廷が朝鮮半島の一部を経営していたことは前方後円墳が朝鮮半島から発見されることでも否定できない事実である。

さてしかし、実のところ、伝播ルートの解明は本書にとっては、実はそれほどの重要ごとではない。私が重きを置きたいのは、佐藤博士が遺伝子レベルで明らかにした、「当時伝来した温帯ジャポニカの量はわずかだった」という事実である。

縄文人は水稲の技術や道具は受け入れはしたものの、稲は熱帯ジャポニカのまま、焼畑耕作の栽培方法も大いにそのまま残した、ということなのだ。佐藤博士によれば、そうした縄文の伝統は日本の中世中ごろまではあり、いわゆる水田の風景、稲作が中心と見える農村風景は、近世に入るまで存在しなかった。

つまり、前項で掲げた、西尾幹二氏が指摘した《渡来人とともに訪れた新しい生活システムの開始は、いわば「文明の夜明け」であった、水田稲作はその代表である、とも言いつのり、どこまでも弥生時代の変革の主体は渡来人であったとみなす「先入見」》は、遺伝子レベルの科学的見地からも、まったく誤っているのである。

柳田國男は、日本人は海に背を向けて暮らしてきた、と言った。現代の日本は、背を向けるどころか、大陸と半島を見つめっ放しであると言える。かつて我々が心の中に持っていた、南に開かれた海洋の大きさと豊かさは、はっきりと取り戻してしかるべきだ。

なぜ岡本太郎《おかもとたろう》は、沖縄の「御嶽《うたき》」に心打たれたのか

神道においては、大いに感じ入るべきものが沖縄にある。

二〇一二年の七月三十一日にソウル「聯合ニュース」が、次のような記事を配信した。

《日本で古くから信仰されてきた宗教「神道」は、新羅《しらぎ》時代初期に日本に渡ったとされる新羅の王子、天日槍《アメノヒボコ》により始まったとする主張が韓国で提起された。（中略）ホン教授（同説を主張する国際脳教育総合大学院教授・西村注）は、天日槍王子が日本の先住民に進んだ稲作や鉄の技術と併せ、熊の神籬《ひもろぎ》を通じて檀《だん》君《くん》天神信仰の文化を伝えたとし、熊の神籬は日本の神道の始まりになったと主張している》

反論する価値のある主張なのかどうか、専門の研究家の判断を待ちたい（判断も何もまったく相手にされていない可能性もあるが）と思うが、まず、神道の原型は沖縄に色濃く残っていると指摘しておきたい。神道というものは沖縄から列島本島に伝来したのだという起源論をしようというのではなく、それぞれの古代の暮らしがもともと共通していて、持っていた原始信仰が沖縄においては琉球神道と呼ばれる独自の神道となり、列島本島では伊勢神宮に代表されるかたちとなっているということであろう。そしてその共通項の原型が沖縄に見られる、ということなのである。

世界文化遺産としても登録され、観光客も多く訪れる斎場御嶽《せーふぁうたき》をはじめ、沖縄に数多く残る御嶽と呼ばれる場所がそれである。場所と言ったのは、それが建造物というわけではなく、伝承によってそこだと指定された森や泉、川といった自然そのものだからだ。御嶽によっては、そこがその場所であることを示すための岩や巨石が存在する場合もある。

原型と呼ぶことの意味内容をつかむのに、ここでは科学ではなく、一人の芸術家の心象をもって明らかにしたい。オリジンやアイデンティティというものは理論的に説明されるものではなく、心的実感をもって把握されるものだと思うからである。

岡本太郎《おかもとたろう》はその著『神秘日本』（みすず書房）所収の「沖縄文化論」の中で、こう述べている。

《私を最も感動させたのは、意外にも、まったく何の実体も持っていない――といって差し支えない御嶽だった。

御嶽――つまり神の降る聖所である。この神聖な地域は、礼拝所も建っていなければ、神体も偶像も何もない。森の中のちょっとした、何でもない空地。そこに、うっかりすると見過ごしてしまう粗末な小さい四角の切石が置いてあるだけ。その何もないということの素晴らしさに私は驚嘆した。これは私にとって大きな発見であり、問題であった》

岡本太郎が沖縄に求めていたものは当初、違っていた。

《ところで私ははじめ沖縄にもっと具体的な文化遺産、芸術品というようなものを、漠然と期待していたのである。この特殊な地域に足をふまえた、独自な「琉球文化」というもの、それと日本文化との比較、対照によって何か発見できるような気がしていた》

そんな思惑を見事に打ち壊したのが御嶽だった。「沖縄文化論」の終わり近くで、岡本太郎はこう述べる。

《日本の古代も神の場所はやはりここのように、清潔に、なんにもなかったのではないか。おそらくわれわれの祖先の信仰、その日常を支えていた感動、絶対感はこれと同質だった。でなければこんな、なんのひっかかりもない御嶽が、このようにピンと肉体的に迫ってくるはずがない。——こちらの側に、何か触発されるものがあるからだ。日本人の血の中、伝統の中に、このなんにもない浄《きよ》らかさに対する共感が生きているのだ。この御嶽に来て、ハッと不意をつかれたようにそれに気がつく。そしてそれは言いようのない激しさをもったノスタルジアである》

オリジン、アイデンティティとは、本来このように優れた芸術家の研《と》ぎ澄まされた感性が直感するものだ。普段の日常の中で、我々日本人は神社に親しんで暮らしている。平成二年（一九九〇）から平成七年（一九九五）にかけて神社本庁が実施した「全国神社祭祀祭礼総合調査」によれば、全国に神社は七万九三三五社存在する。コンビニエンスストアの数が平成二十五年十月時点で四万八九〇八店舗。世の有様がそれほど単純なものではないのは承知のうえだが、コンビニが二店舗あるなら、その近くには神社が三社はある計算になる。

伊勢神宮、出雲大社に感じる日本人のノスタルジア

そんな環境の中に普段暮らしているにもかかわらず、いや、だからこそと言うべきかもしれないが、平成二十五年十月に第六十二回式年遷宮《しきねんせんぐう》を迎えた伊勢神宮、同じく平成二十五年に六〇年ぶりの大遷宮を迎えた出雲大社を目の前にするときの厳《おごそ》かな情感、精神が引き締まり、浄められる感じ、言ってしまえば非日常的な感動を覚える多くの方がいる。《言いようのない激しさをもったノスタルジア》という岡本太郎の表現に、ほとんどの人は強い共感をもってうなずくはずである。

伊勢神宮と出雲大社に共通するのは、社《やしろ》に限って言ってさえ、自然のままである、ということだ。着色がない。生の素材の色彩である。《なんにもない浄らかさ》に限りなく近い。そこに我々日本人は共感する。

神道の原型はここにこそある。韓国の「聯合ニュース」が伝えた《天日槍王子が日本の先住民に進んだ稲作や鉄の技術と併せ、熊の神籬を通じて檀君天神信仰の文化を伝えたとし、熊の神籬は日本の神道の始まりになった》などは、神の実存や歴史に基づかぬ拙劣なプロパガンダに過ぎない。

岡本太郎はまた次のように言う。

《私は今まで、エジプトの神殿、アクロポリス、出雲大社が神聖だと思っていた。しかし何か違うのではないか。それは人間の意志と力にあふれた表情、いわば芸術の感動ではなかったか。それを通して、背後にある恐ろしい世界、その迫力みたいなものに圧倒される。権勢をバックにした豪壮さ、洗練を極めた形式美。つまり力と美に対する驚歎であり、アドミレーション（賞賛の意・西村注）である。

沖縄の御嶽でつき動かされた感動はまったく異質だ。何度も言うように、なに一つ、もの、形としてこちらを圧してくるものはないのだ。清潔で無条件である》

芸術家であるがゆえの芸術に対する厳しい感性と理論がなす、人間の作物《クリエイション》に対する根源的な批判である。そして、岡本太郎は御嶽について、つまり神道の原型について《神聖感はひどく身近に、強烈だ。生きている実感、と同時にメタフィジックな感動である。静かな恍惚感として、それは肌にしみとおる》と言う。伊勢神宮の、また出雲大社の社を目の前にする我々に、岡本太郎はそれは芸術であるに過ぎないと批判するかもしれない。しかしそれにつけても我々日本人の多くはそれらの社を前にして、岡本太郎が御嶽に感じるのと同様の実感をもつのである。

前出の清水元氏の『アジア海人の思想と行動』によれば海人は、山、巨木、岬、奇岩、滝など陸の目標物を目印として船の位置を確認した。そうした場所は雨や夜の視界のきかない際には火が焚《た》かれ、神を迎える聖なる空間となった。海人は神は海の彼方《かなた》からやってくると考える。清水氏はこれを《水平的方向性を持った信仰》と呼び、《神が天上界から人間界へ降臨する垂直的信仰形態とともに、日本各地に見られる》と言う。琉球で信仰されているニライカナイは《火・稲・生命。霊力をもたらす根源としての理想郷》であり、こうした水平神信仰は《メラネシアやニューギニアの「カーゴカルト（招神信仰・西村注）」とも共通する》。

そして、火の焚かれた場所の多くには、神社が建てられたのである。海人の奉拝するそれらの場所の分布は、縄文後期の遺跡と一致している、という研究もある。

日本は海に育《はぐく》まれると同時に、自らの存在は海とともにあるという事実とその意義に慣れ親しんでいたはずの海洋国家だった。それを再度、政治の舞台で体現しようとする試みが、安倍晋三氏が第二次安倍政権の首相として返り咲いた就任翌日に発表した「アジアの民主安全保障ダイアモンド」ではないかと考えている。

安倍首相の「新・アジア構想」とは

平安時代から戦国時代にかけて、肥前松浦《ひぜんまつうら》地方で組織された「松浦党《まつらとう》」という水軍がある。ふたたび前出の清水元氏によれば「同地方の海人集団の頭目らを支配下において松浦姓を名乗り」結成された集団組織である。水軍とは、その活動のエリアは川や湖にも及ぶが、簡単に言えば海軍のことだ。

そして安倍晋三氏が松浦氏の子孫であることは、彼自身が口にしたこともある、よく知られた事実である。歴史の、興味深い一面だと言えないだろうか。また、「日本を取り戻す」というスローガンの、取り戻すべき日本の姿さえ、重層的なイメージをもって可視化するエピソードでもある。

安倍首相は平成二十四年（二〇一二）十二月二十七日、つまり首相に再就任した日の翌日付で、国際NPOの言論機関「プロジェクト・シンジケート」のウェブサイトに、英字論文を発表した。原文タイトルは「Asia's Democratic Security Diamond」、「アジアの民主安全保障ダイアモンド」である。

ところが、国内メディアでは産経、東京新聞の二紙だけが報道し、朝日、読売、日経などは「プロジェクト・シンジケート」と提携しているにもかかわらず沈黙した。「プロジェクト・シンジケート」はプラハに本部を置き、各国要人、学者、ノーベル賞受賞者らの論文、インタビュー記事を世界一五〇カ国に配信する実績ある機関である。

以前の拙著で紹介したことがあるが、ここで再度、全文を紹介する。今まで述べてきたことが現代に照らし合わせて生き生きと映し出されているのではないだろうか。

《アジアの民主安全保障ダイアモンド

二〇〇七年の夏、日本の首相としてインド国会のセントラルホールで演説した際、私は「ふたつの海のまじわり」――一六五五年にムガール帝国の皇子ダーラー・シコーが著した本の題名から引用したフレーズ——について話し、居並ぶ議員の賛同と拍手喝采を得た。あれから五年を経て、私は自分の発言が正しかったことをますます確信するようになった。

太平洋における平和、安定、航海の自由は、インド洋における平和、安定、航海の自由と切り離すことはできない。両領域における情勢はかつてないほど緊密に連携している。アジアにおける最も古い海洋民主国家たる日本は、両領域の共通利益を維持する上で、より大きな役割を果たすべきである。

にもかかわらず、ますます、南シナ海は「北京の湖」となっていくかのように見える。アナリストたちが、オホーツク海がソ連の内海となったと同じく、南シナ海もシナの内海となるだろうと言うように。南シナ海は、核弾頭搭載ミサイルを発射可能なシナ海軍の原潜が基地とするに充分な深さがあり、間もなくシナ海軍の新型空母がよく見かけられるようになるだろう。シナの隣国を恐れさせるに充分である。

これこそ中国共産党政府が東シナ海の尖閣諸島周辺で毎日繰り返す演習に、日本が屈してはならない理由である。たしかに、シナ海軍の艦艇ではなく、軽武装の法執行艦のみが、日本の領海および接続海域に進入してきた。だが、このような〝穏やかな〟接触に騙《だま》される者はいない。これらの船のプレゼンスを日常的に示すことで、シナは尖閣周辺の海に対する領有権を既成事実にしようとしているのだ。

もし日本が屈すれば、南シナ海はさらに要塞化されるであろう。日本や韓国のような貿易国家にとって必要不可欠な航行の自由は、深刻な妨害を受けるであろう。東シナ海と南シナ海は国際海域であるにもかかわらず、日米両軍の海軍力がこの領域に入ることは難しくなる。

このような事態が生じることを懸念し、太平洋とインド洋をまたぐ航行の自由の守護者として、日印両政府が共により大きな責任を負う必要を、私はインドで述べたのであった。私はシナの海軍力と領域の拡大が、二〇〇七年と同様のペースで進むであろうと予測したが、それは間違いであったことも告白しなければならない。

東シナ海および南シナ海で継続中の紛争は、国家の戦略的地平を拡大することをもって、日本外交の戦略的最優先課題としなければならないことを意味する。日本は成熟した海洋民主国家であり、その親密なパートナーの選択も、この事実を反映すべきである。私が描く戦略は、オーストラリア、インド、日本、米国ハワイによって、インド洋地域から西太平洋に広がる海洋権益を保護するダイアモンドを形成することにある。

日本における対抗勢力の民主党は、私が二〇〇七年に敷いた方針を継続した点で評価に値する。つまり、彼らはオーストラリアやインドとの絆を強化する種を蒔《ま》いたのであった。

（世界貿易量の40％が通過する）マラッカ海峡の西端にアンダマン・ノコバル諸島を擁し、東アジアでも多くの人口を抱えるインドは、より重点を置くに値する。日本はインドとの定期的な二国間軍事対話に従事しており、アメリカを含めた公式な三者協議にも着手した。製造業に必要不可欠なレアアースの供給をシナが外交的な武器として使うことを選んで以後、インド政府は日本との間にレアアース供給の合意を結ぶ上で精通した手腕を示した。

私はアジアのセキュリティを強化するため、イギリスやフランスにもまた舞台にカムバックするよう招待したい。海洋民主国家たる日本の世界における役割は、英仏の新たなプレゼンスとともにあることが賢明である。英国は今でもマレーシア、シンガポール、オーストラリア、ニュージーランドとの五カ国防衛取決めに価値を見出している。私は日本をこのグループに参加させ、毎年そのメンバーと会談し、小規模な軍事演習にも加わらせたい。タヒチのフランス太平洋軍はきわめて少ない予算で動いているが、いずれ重要性を大いに増してくるであろう。

とはいえ、日本にとって米国との同盟再構築以上に重要なことはない。米国のアジア太平洋地域における戦略的再編成期にあっても、日本が米国を必要とするのと同じくらいに、米国もまた日本を必要としているのである。二〇一一年に発生した日本の地震、津波、原子力災害後、ただちに行なわれた米軍の類例のないほど巨大な平時の人道支援作戦は、六〇年かけて成長した日米同盟が本物であることの力強い証拠である。

私は、個人的には、日本と最大の隣国たるシナの関係が、多くの日本国民の幸福にとって必要不可欠だと認めている。しかし、日中関係を向上させるなら、日本はまず太平洋の反対側に停泊しなければならない。というのは、要するに、日本外交は民主主義、法の支配、人権尊重に根ざしていなければならないからである。これらの普遍的な価値は戦後の日本発展を導いてきた。二〇一三年も、その後も、アジア太平洋地域における将来の繁栄もまた、それらの価値の上にあるべきだと私は確信している》

（翻訳文責・西村）

これは過去資料ではない。現在進行形の論文であり、安倍首相による「脱亜論」である。次章では、脱するべき〈アジア〉の実態について、さらに明らかにしていきたい。

ちなみに平成二十六年十二月二十四日に、産経新聞がこんな記事を配信した。


《「日本の心学び、母国に伝える」 在日ネパール人が靖国参拝　東京

都内在住のネパール人20人が23日、「日本の心を学びたい」と千代田区の靖国神社を参拝した。参加者は戦没者の霊に手を合わせた後、遺品などが展示されている敷地内の遊就館《ゆうしゅうかん》を見学。平和への思いを強くしていた。

ネパールは親日国として知られ、日本文化への関心が高い。今回の参拝は、都内にネパール料理店5店舗を展開する日本フードキャスト（豊島区）が企画。ネパール人従業員と家族らが参加した。

日本在住が10年になるディネス・ギャワリさん（34）は「靖国神社は日本にとって、不戦の象徴ともいえる場所。他の国が参拝を批判すべきではない」と話し、ナビナ・カルキさん（23）は「日本の歴史をもっと勉強したい。母国に発信して、ネパールの人にも知ってほしい」と意欲的だった》

この記事が示唆しているのは、言うまでもなく日本は北東アジアから離れ、進路を南に取り、台湾から東南アジア、そして、ミャンマー、ネパール、インドへと続く南アジアへ向けた、新しいアジアとの連携が重要だということである。

第二章　〈特定アジア〉三カ国と距離を置くべき理由

〈特定アジア〉とは何か

冷戦は平成元年（一九八九）に終結した。東西冷戦とも呼ばれた〈冷戦〉とは、一体何だったのであろうか。一九四五年二月四日から十一日にかけて、クリミア半島のヤルタ近郊で行なわれたアメリカ合衆国、イギリス、ソビエト連邦による首脳会談、「ヤルタ会談」が冷戦の発端だと言われている。ヤルタ会談によって、戦勝国側、すなわち連合国の米国、英国、ソ連の三カ国が、第二次大戦後の世界分割支配の構図を策定したことが始まりだった。

ヤルタ会談で結ばれた「ヤルタ協定」で、ドイツの分割統治やポーランドの国境策定、エストニア、ラトビア、リトアニアのバルト三国の処遇など東欧諸国の戦後処理が取り決められた。つまり、そこで大戦後の二大強国となるアメリカ合衆国とソビエト連邦の対立が生まれ、米国とソ連は直接戦火を交《まじ》えることはなかったものの、四四年後の冷戦終結まで、世界各地では米ソの代理戦争としての戦争や武力衝突が継続することになったのである。

米ソの世界分割統治計画により、ソ連を盟主とする周辺国は強制的に、あるいは必然的に共産主義国家となり、東ヨーロッパに集中した。そのため、共産主義陣営を「東側」、米国を盟主とする資本主義の国々を「西側」と呼ぶことになった。

ソビエト連邦の自由主義的改革、それに続く東ヨーロッパ諸国の共産党政権崩壊の連鎖を背景に、一九八九年十二月、マルタ島で会談した米国の父ブッシュ大統領とソ連のゴルバチョフ書記長が四四年間の冷たい戦争に名目上の終結宣言をしたことで、東西冷戦は終結した。西側の勝利であり、共産主義国家、ソビエト連邦が崩壊するには二年しかかからなかったのである。

しかし、冷戦終結は「名目上」に過ぎなかった。東西冷戦は冷たい戦争が構築したイデオロギー闘争や情報戦、そしてコミンテルンに代表される敵側体制に潜んでの工作活動など、思想戦の〈構造〉を世界中に植え付けた。その残滓《ざんし》は冷戦が終結して二六年後の現在も残っている。その最も顕著な例が、北東アジア地域なのである。

第二次大戦のアジアの戦後処理は、〈ヤルタの密約〉と言われる秘密協定のドラフトを基に策定された。〈ヤルタの密約〉では、ソ連の強い影響下にあった外モンゴル（現モンゴル国）の現状を維持すること、樺太（サハリン）南部をソ連に返還すること、千島《ちしま》列島をソ連に引き渡すこと、満洲の港湾と鉄道におけるソ連の権益を確保することなどを条件に、ドイツ降伏後二カ月または三カ月で、ソ連の対日参戦が取り決められた。国際条約の日ソ不可侵条約を一方的に破棄する国際法違反でもあり、〈密約〉が二重の意味を持ったのである。

現在の東アジア、とりわけ北東アジアには、一九八九年に終結したはずの〈冷戦〉が残り、〈冷戦構造〉を支えている。それは、一九八九年に東欧諸国が自由化の大きな波の中で、ソ連の意思に反してでも、次々と共産党一党独裁制度を捨て去ったにもかかわらず、シナでは中国共産党が自由化を求める学生たちに対して、同年六月四日に北京の天安門広場とその周辺で大虐殺を行なったことで、よく理解していただけるだろう。

したがって、二十一世紀の二〇一五年においても、一党独裁の共産主義を国是としている中国と北朝鮮が、アジアのパワーバランスで大きな位置を占めるようになった。世界中の数少ない共産主義国家のひとつ、キューバは二〇一五年から米国との関係改善に向かっている。そういう意味でも、ベトナムを除けば、地球上で北東アジアだけに、共産党一党独裁国家が残っている状況を把握できる。問題なのは、その真っ只中に日本が置かれていることである。後で述べるが、その状況に加え、さらに、より厄介な難問に日本が囲まれているということが重要なのである。

東アジアの歴史と文化の特殊性が、残存する〈冷戦構造〉に混ざり合って日本を包囲し、攻撃しつづけているのである。それは、古代からの儒教文化圏が〈冷戦構造〉という二十世紀の構築物で補強され、異なった文明圏の日本を抑圧するという構造である。

二十一世紀のナチズム

鄧小平《とうしょうへい》が一九七九年に行なった「南巡講話」に端《たん》を発する改革開放経済は、中国を資本主義化し、一党独裁の共産主義体制下の資本主義という化け物に変化《へんげ》させた。それは、正にナチスドイツが推進した国家社会主義と似通った体制となり、二十一世紀になってから、ますます加速度的に中国社会の経済成長を推進してきた。しかも、シナの過去の王朝がたどったように、中国はモンスター化するとともに、中華帝国主義の様相を強めているのである。

それを最も端的に表わしているのが、二〇一三年に国家主席に就任した習近平《しゅうきんぺい》が事《こと》あるごとに口にする、「中華民族の夢」、「中華民族の復興」というスローガンである。

中華帝国主義は中国の覇権主義を必然的に整え、チベット自治区、新疆《しんきょう》ウイグル自治区（東トルキスタン）、内モンゴル自治区（南モンゴル）という周辺民族への苛酷で残忍な民族弾圧の温床にもなっているのである。そればかりか、後で述べるが、中国共産党は明らかに民族浄化政策をとり、正に二十一世紀のナチズムを実践しているのである。

民主化、近代化をしないまま異常な経済発展を遂げた中国は、共産主義という全体主義的な国家構造を保ち続けている。このような国家が確実にやって来る「中国バブル崩壊」の恐怖に脅《おび》えるとき、その独裁者がとる態度は、経済破綻《はたん》やさまざまな失政、抑圧から国民の目をそらし、反政府活動へ向かう民衆の感情や危機感を外に向けさせる、周辺への〈侵略〉になることは間違いない。そんな地政学的な動きとともに、華夷《かい》秩序を必要とする古代からのシナの文明的な特質がプラスされて、〈中華帝国主義〉が強化されるのである。

チベット、ウイグル、南モンゴルはもちろん、台湾、フィリピン、ベトナム、インドネシア、ミャンマー、インド、そしてわが日本など、周辺民族および周辺諸国への威嚇《いかく》、領土拡張欲をもはや隠そうともせずに、中国が〈中華帝国主義〉を推進する理由はそこにある。

平成二十五年（二〇一三）十一月、尖閣上空に防空識別圏（ADIZ：アディーズ）を設定した、と中国は発表した。防空識別圏自体はそれぞれの国が勝手に設定するものだから本来問題にするようなことではないし、もちろんそこへの飛行に際して許可や通知などを中国側が要求することも、日本側がそれに応えることもナンセンスなことである。だが、注目すべき点は、その設定を中国が「発表」したということにある。

防空識別圏は本来、公開するものではない。防空識別圏を設定したことの「発表」が、尖閣侵略への確実な情報戦略のひとつであることは間違いなく、「周辺民族および周辺諸国への威嚇、領土拡張欲をもはや隠そうともせずに」と前述した意味はここにある。米国がすかさず、B52戦略爆撃機を事前通告なしに飛行させた動機も、またここにあろう。牽《けん》制《せい》されるような「もはや隠そうともしない」態度、あからさまな振る舞いは、中国のあせりの裏返しでもある。

平成二十五年十一月のまったく同時期に、在日中国大使館が発表した在日中国人への連絡先登録要請通知もまた、あからさまな侵略的態度と見るべきである。二〇〇五年に提出され、二〇一〇年七月一日に施行された「国民動員法」が大きな意味を持つからである。すなわち、中国の有事の際に世界中の中国籍人民は国内外を問わず兵員化され、中国籍船舶、航空機なども世界のどこにあろうと人民解放軍の管理下に置かれるという条文を含む法律の、実効準備に他ならないことは明らかである。

もちろん、中国は「天災などの緊急時対策だ」と言って誤魔化《ごまか》し、日本国内メディアもまったくこの法律を報じないか、報じても中国共産党の言い分に同調する。それは、日本国内メディアに対する中国の対日工作が、予想以上に深く、広範囲に及んでいるからに他ならない。

急を告げる中国と北朝鮮の関係

一方、北朝鮮はどうか。冷戦時代には中国共産党と「血の同盟」と呼びならわされた歴史を持ち、中国と西側陣営との文字通り狭間《はざま》で防壁の役割さえ果たしてきた。それをもって現在もまた、中国と北朝鮮は一体化していると思われがちだが、事情は大きく変わってしまった。事あるごとに特使を送りあって擁護・協力関係を保ってきた両国の関係が、完全に変わってしまった。

それが明らかになったのは、二〇一三年末の北朝鮮の実力者、張成沢《チャンソンテク》の粛清事件だった。残忍な処刑は、およそ近代国家のものでなく、暗黒中世さながらの北朝鮮という国家の実情を露《あら》わにし、世界中を震撼させた。張成沢は北朝鮮労働党きっての親中派で中国共産党と太いパイプがあり、彼の処刑はそのまま北朝鮮と中国の関係断絶を意味していた。しかも二〇一五年二月には、米国に本拠を置く中国の反体制ネット紙「博訊《ボシュン》」の情報サイトに、張成沢が処刑された原因は、中国共産党の北朝鮮への〝密告〟だったという衝撃的な記事が掲載された。

同サイトが二月二十二日に掲載した記事は、二〇一三年八月十七日に訪中した張成沢が、胡錦濤《こきんとう》元国家主席と密談し、その中で北朝鮮の最高指導者、金正恩《キムジョンウン》を下ろし、兄の金正男《ジョンナム》を擁立する可能性などについて話したが、胡錦濤は態度を明らかにしなかったという内容である。

「博訊」では二人の密談の内容を知った周永康《しゅうえいこう》がその一部始終を北朝鮮側に密告したため金正恩が激怒し、張成沢は処刑され、北朝鮮内の親中派も全員が粛清されたと報じられていた。その後、周永康政治局常務委員は、習近平の「反腐敗一掃キャンペーン」という名前の権力闘争で失脚したが、同記事によれば周永康は北朝鮮への亡命を一時企てたが失敗したという。つまり、「博訊」のスクープ記事によれば、北朝鮮の張成沢粛清と中国の周永康失脚は中国と北朝鮮の関係断絶と両国の権力闘争において、完全にリンクしているのである。

しかも、このような事態になる以前から、中国と北朝鮮の関係は冷え切っていた。そのきっかけは、平成二十一年（二〇〇九）の北朝鮮の核実験である。

連合国《ユナイテッド・ネーションズ》（国連）安全保障理事会はこれを受けて北朝鮮に対する制裁決議案を全会一致で採択した。つまり、中国はこのとき初めて北朝鮮の擁護を止《や》めたのである。以来、現在に至るまで、中国の反発をも無視するかたちで、北朝鮮は核やミサイル開発を継続し、それを本当に行なっていようがいまいが、少なくとも、それにまつわるプロパガンダを止めようとはしていない。

核武装に対してはアメリカと同様の立場をとりつつも北朝鮮に経済的援助を続ける中国だったが、現時点ではその関係はなくなり、アメリカとの交渉を最大の国益と考えているのが北朝鮮である。この一見複雑な状況にある北東アジアの情勢をさらに複雑化しているのが、二〇〇二年以降、特にここ一〇年間以上にわたって続いてきた南朝鮮、韓国の〈迷走〉である。

迷走する韓国と行きづまる北朝鮮は表裏一体

親北朝鮮の太陽政策で知られる金大中《キムデジュン》左派政権以降、二〇〇八年に李明博《イミョンバク》のいわゆる「保守派」政権が誕生した後も、韓国にはまったくぶれない一点がある。それは〈反日〉である。アメリカと軍事同盟関係にあり、米軍の指揮下・統制下にありながら、韓国は、日米安保条約があることで利害関係が一致しているはずの日本と、異常な敵対関係を続けている。

アメリカをめぐる北東アジアの情勢は、なるほど複雑だ。複雑化させる変数が南北朝鮮に他ならないが、冷静に見るならば、そこにきわめて単純な構図が存在していることがわかる。先に触れたが、この一点だけはまったくぶれない三角構図、つまり中国、北朝鮮、韓国の〈反日〉トライアングルである。

中国、北朝鮮、韓国は反日を国是としており、各国一様に反日原理主義が根付いている。日本を対象とした、あるいは日本を含むすべての思考の基本に〈反日〉があり、〈反日〉からはずれるものはすべて拒否する態度・振る舞いは、韓国・朴槿恵《パククネ》大統領の二〇一三年二月の就任以来の行動を見れば、世界中の誰もがその異常さに気づくだろう。

拙著『「反日」の構造』（ＰＨＰ研究所／文芸社文庫）の中で私は〈反日ファシズム〉という言葉を一一年前から使っているが、これは反日原理主義と同義である。

《〈反日ファシズム〉とは、半世紀以上たっても喪ったものを取り戻せない日本に向けられるテロルであり、恢復《かいふく》力に軋みが出ている状態に追い討ちをかけ、さらに日本的なものを根絶やしにしようという虐殺に他ならない》（『「反日」の構造』）

　韓国は日本を常に戦犯国家と呼ぶ。自衛艦旗として使われている旭日《きょくじつ》旗を、滑稽なことに戦犯旗と呼ぶ。旭日旗、あるいは旭日旗的な表現のことごとくに、果てはイギリスの田舎町の小さな弁当屋の包装紙デザインにまで抗議を行ない、そして韓国は旭日旗をナチスのハーケンクロイツと同様に考えたがる偏執狂的な癖がある。

　ことは逆である。反日原理主義こそが、ナチスのユダヤ人虐殺の思考回路に酷似している。日本の思想・文化・歴史、ひいては国民一人ひとり、国家のすべてを拒絶し否定していこうとする傾向はさらに強く、最近の韓国人の思考回路は、ナチスのそれにそっくりだ。アニメに登場する和服にモザイク処理を施す。K－POPと呼ばれるジャンルの韓国のとあるミュージシャンの日本武道館の公演を伝えた韓国メディアの対応は、特筆に価する。武道館の天井には常に日の丸が掲げられているのだが、その日の丸を白く塗りつぶす画像あるいは映像処理が行なわれたし、それを当然の慣行として、韓国国民は何の疑問も持たずにいる。日の丸が韓国メディアに映し出されることを、忌避しているからだ。

　その他、平成二十五年に大々的に展開された慰安婦碑や安重根《アンジュングン》碑などをはじめとする国際的な反日ロビー活動を見るにつけ、あるいはまた、朴槿恵大統領の国際政治の場におけるあからさまな日本攻撃を知るにつけ、韓国にとっては〈反日〉が国家の存在理由と化してしまっているのではないかと思えるほどだ。

つまり、韓国にとって日本は、その滅亡を熱望するがゆえになくてはならない国となってしまっている。私は、韓国の特に最近の異常な〈反日〉は、単に歴史認識の齟齬《そご》や地政学的な理由によるものでなく、精神病理学的な見地からも見直される必要があるのではないかと考えている。

反日国家・韓国に見られる、共依存という病理

共依存《きょういぞん》という言葉がある。医学の学術用語ではないが、専門家による対処が必要な症状でもある。元はアルコール依存症の治療現場から発した言葉であるらしい。どのような状態のことを指すか、ある精神科医に尋《たず》ねてみた。

「たとえばアルコール依存の夫は妻に多くの迷惑をかけます。同時に妻は夫の介護などに自分の存在価値を見出す場合もよくあります。その状態を共依存といいます。患者の自立する機会を阻害するんです。治そうとしていた家族も結果的にアルコール依存症患者の回

復を拒んだりする行動をとることがある。治ってしまうと困るんですね」

ここで言う「夫」が韓国にあたり、「妻」が日本側にあたると言っていいだろうか。その日本人は具体的に言うとGHQによる言論統制、自虐史観、村山《むらやま》談話、河野談話を金科玉条とするテレビ、新聞をはじめとする反日メディア群であり、それらに踊らされる政治家群、市民運動家群、知識人・文化人群である。

共依存は、自分と特定の相手が、その関係性に過剰に依存する、そんな人間関係に囚《とら》われている状態を指す。一種の病的な人間関係であり、共依存者は自己愛・自尊心が低いため、相手から依存されることに無意識のうちに自己の存在価値を見出し、共依存関係を形成しつづけることが多いのである。

では、この関係をどう脱却したらいいのか。それには、共依存の原因となる被共依存者と一定の距離を置きながら、介護などをすることが重要らしい。被共依存者は、支援が少なくなったことに、自分は見捨てられたという気持ちになる可能性もあるが、自分の人生は自分で切り拓《ひら》いていくしかない、と気づかせることが、被共依存者の回復に繋がるということだ。

被共依存者は、そこで初めて支援に感謝し、自分自身の置かれている境遇をそのまま受け入れることが、病状回復の一歩であるという。これで日本が、できるだけ韓国と距離を取らなければならない理由も、明らかではないか。

明治四十三年（一九一〇）から三五年間、わが国は朝鮮半島を統治した。前述したように、昭和二十年（一九四五）の終戦後、朝鮮半島はアメリカとソビエト連邦という二大強国によって分断される。米国の誤った戦略もあり、中国共産党・人民解放軍の加担による北朝鮮側の韓国侵攻という一九五〇年に勃発した朝鮮戦争を経て、現在もいまだに南北朝鮮間には平和条約は結ばれていない。三十八度線は停戦ラインであり、朝鮮戦争は停戦中に過ぎない。つまり、両国は今も戦争状態にある。

冷戦中、西側陣営国家として存在していた韓国は一九九一年に連合国（国連）に加盟する。ちなみに、北朝鮮の加盟も同時である。それまでは南北朝鮮それぞれの連合国（国連）加盟に、東側、西側それぞれの拒否権が発動されていたため、ソ連崩壊を待ってはじめて加盟が承認されたといういきさつがある。

李承晩《イスンマン》ラインに代表される韓国建国のそもそもから存在する反日政策は、アメリカの占領政策のひとつである「ウォー・ギルト・インフォメーション・プログラム（WGIP）」による自虐史観の徹底という日本国内の洗脳状態が後押しをするかたちで先鋭化を続けた。金大中政権に見られたように北朝鮮勢力の工作と相乗して、二〇〇〇年以降、韓国は慰安婦問題、戦後補償問題をいまだに突きつけるかたちで日本に対峙している。そしてそれは、一九九〇年代、特に江沢民《こうたくみん》が一九九五年「抗日戦争勝利五十周年」を機に開始した徹底的な反日教育の推進とパラレルに進行してきた。

政治家の靖国参拝、また教科書の内容にまで文句をつけ抗議するのは、中国と南北朝鮮の三カ国だけである。その反日ぶりは、たとえば戦前の日本統治を経験している台湾と比べてみたときにさらに顕著に、際立った相違を見せている。

平成二十五年三月十一日、東日本大震災二周年追悼式が東京・国立劇場で執り行なわれた。天皇皇后両陛下、すなわちわが国の国家元首の御臨席の下、各国外交官が列席する格式の高い式典となった。にもかかわらず、ここに中国と南北朝鮮の姿はなかった。

国交がなく大使館もない北朝鮮においては、こうなるのは当然だが、欠席の理由が、中国においては台湾を国賓としたことに対する反発であり、韓国においては、二年後になっても、いまだに理由がはっきりと説明されていない。報道によれば、当初はわが国外務省に対して「意図的ではなく、事務的なミス」と説明していたものが「FAXが英文であったから捨ててしまった」、挙句の果ては、「確認しなかった日本が悪い」などと言い出す始末である。

中国、韓国の二カ国がとった態度は、はたしてこれが常識的であると言えるだろうか。これだけをとっても、特定アジアが、他国に比べていかに異様かを明瞭にした一例である。実は、平成元年（一九八九）の昭和天皇の葬儀である大喪の礼にも、中国、韓国は世界中の国々、国際機関が元首や最高指導者の参列があったにもかかわらず、政府高官レベルの参列にとどまり、その異様さが際立っていたのである。

なぜ〈反日ファシズム〉で結束するのか

〈特定アジア〉に共通するのは、第二次大戦で日本と深く関わった地域であることである。大陸は支那事変（「日中戦争」とも言われている）の戦場であったし、朝鮮半島はわが国が併合していた。終戦後、日本と中国および韓国との間の国際条約によって利害は整理され、交わされた条項の下で関係は正常化されていなければならない（というのも、国際条約はそのために存在する）はずである。日本がかつて植民地として統治し、同じく深い関わりのあった台湾と同様にである。

しかし、〈特定アジア〉は、歴史的背景というツールを使って、常識では考えられない干渉や攻撃を強めるばかりである。彼らにとって歴史とは、事実の探求と分析を意味しない。歴史は、時の権力の利益を確定するために使われるツールであって、特に中国は王朝が替わるたびに前王朝の歴史の否定と破壊が行なわれ、そのたびに民衆に歴史の忘却を強いる作業を数千年来続けてきた。いわゆる中国四千年、ないし五千年の歴史など、実はどこにも存在しないのである。

〈特定アジア〉の日本に対する干渉の強まりが、一九九〇年代からの〈失われた二十年〉と同期していることに特に注意すべきである。中国の急速な経済的成長を日本は取り込むべきだ、日本経済の停滞に歯止めをかけるのは中国との経済的連携以外にはないと当然のように言われた時代であり、各企業がこぞって中国に経済的進出を行なった時代だった。畏友、石平《せきへい》氏が『「日中友好」は日本を滅ぼす!』(講談社+α新書)を書いたのは、平成十七年年(二〇〇五)のことである。

その中で石平氏は、重要な指摘を行なっている。古来、日本の歴史において、中国および大陸と関係を深めたときにわが国は大きな不幸に見舞われているという事実であり、今また同じ局面を、石平氏が先の著を書いた時点よりもさらなる深刻さをもって迎えつつあることは明らかだろう。

なぜ〈反日ファシズム〉なのか、というより、彼らがなぜ〈反日ファシズム〉で結束する必要があるのか、それを考える必要がある。前述した「共依存」の説明にある「妻」の存在、つまり「日本国内の反日勢力」を強力に支援して温存し、「共依存」という病理に積極的に甘んじるかたちで自らの〈反日〉を存続させるという、異常な中毒状態には、何か大きな動機が隠されているとしか思えない。

反日の理由を、いちおうは民主主義国家である韓国においては、政治の場面での票集めや支持率のアップ、中国共産党一党独裁の中国においては、党内結束、民衆暴動の誘発によるガス抜きに見る向きは多い。確かに一部はそのとおりだろう。しかし、それはどうも瑣末《さまつ》なことなのではないだろうか。

事の本質は、中国と南北朝鮮は、つまり大陸と半島は、日清戦争以前に戻りたがっているということなのである。〈反日ファシズム〉の正体はここにこそある。

では、日清戦争以前に戻るとは、いったいどういうことなのであろうか。

「華夷《かい》秩序」のもとへ戻りたがる韓国

「華夷《かい》秩序」という言葉がある。中華思想に立つシナの周辺国家は、どのようなバランスをもって成立するかを説明するための言葉だ。

「華」はシナを指し「夷」は周辺国家・民族を指す。シナは世界の中心・中華であって、周辺は夷狄《いてき》・野蛮人なのである。そのような扱いを「華」から受けている「夷」は、反逆を起こす立場なのかというとそうではない。「華」であるシナの皇帝は「夷」である各周辺国の元首を王に任命することによって政治的な恩恵を施し、これを「冊封《さくほう》」という。周辺の国々は貢物をもってそれに応える。これを「朝貢《ちょうこう》」という。背景にあるのはもちろんシナの武力である。

この朝貢・冊封関係を「華夷秩序」と呼び、大陸は数千年にわたって、良くも悪くもその安定した秩序の中にあった。日本もまた古代および室町のほんの一時期に「華夷秩序」の中にいたことがある。しかし日本は「日出《ひい》ずる処《ところ》の天子《てんし》、書《しょ》を日没《ひぼっ》する処の天子に致《いた》す、恙無《つつがな》しや」という国書を聖徳太子が六〇七年に遣隋使として派遣した小野妹子《おののいもこ》に持たせたことや、菅原道真による八九四年の遣唐使の廃止に見るがごとく、伝統的に独立自尊を旨《むね》とする「華夷秩序」外の国だった。

前述したように、聖徳太子が隋の煬帝に宛てた国書が、日本の歴史上最初の「脱亜論」だったのである。

七世紀の天武《てんむ》天皇が初めてとったとされる「天皇」の称号も、大陸の時の帝国・唐と対等の独立国家であることを宣《せん》するためのものだった。また、八世紀の東大寺大仏開眼供養会は、仏教の総本山はもはや大陸にはなく、日本にあることを宣言するための式典でもあったという。開眼にあたったのはインドの僧である。

大陸は数千年にわたって安定した「華夷秩序」の中にあった、と先に過去形で書いたのは、結論から言うと、十九世紀に、それを日本が破壊したからである。

明治維新は「華夷秩序」を脅《おびや》かすものであったが、華夷秩序の破壊は日清戦争のわが国の勝利によって決定的なものとなった。決定的というのは清国の敗北ということではなく、朝鮮が独立してしまったという、その一点である。明治九年（一八七六）の日朝修好条規に明記された「朝鮮は清朝の冊封ではなく、国家主権を持つ独立国である」ことは、日清戦争中の「この戦争は朝鮮独立を目的とする」という内容を第一条とした「大日本・大朝鮮両国盟約」を経て実現してしまう。日本が朝鮮独立にこだわったのは、時の軍事強国、ロシアの南下に対する防衛政策であり、領土拡張を旨とした侵略政策ではなかったことは先に書いた。

二千年近くにわたって維持されてきたシナと朝鮮の朝貢・冊封関係が解かれたのであ

る。日清戦争直後の半島の混乱の理由は、ひとえにこの「華夷秩序」の崩壊にある。「華夷秩序」の崩壊は近代化につながるはずであり、どうしようもなくアジアにはびこることとなった欧米列強のパワーバランスを、アジア各国に有利なかたちで調整するはずのものだった。

しかし、それがそういうわけにはいかない。朝鮮はやはり自立できないのだ。そしてこのときの自立のできなさ、というより半島の長きにわたる朝貢・冊封の伝統が、現在もまったくそのまま続いている。アメリカが弱くなりつつあること、アジアから離れつつあることを知り、どうやら中国がやはり頼りになると踏んで北京にあからさまに擦《す》り寄っているのが、韓国の現在だ。

つまり、韓国は日清戦争以来、独立しているそのこと自体に、精神的にも物質的にも苦しんできたし、今も苦しんでいるのではないかという疑問もある。韓国の教育は、日清戦争は日本が朝鮮を侵略するための戦争だったと教える。独立に関する内容など出てこない。同じくその後の日本による半島統治も、自らが求めた併合であるにもかかわらず、侵略であったと断じているのである。

平成二十五年に悲惨な事件が起きた。本書の序章でも触れたが、ソウルにある宗廟《チヨンミヨ》市民公園で「日本の統治は良いことだった」と話した九十五歳の老人を三十八歳の男が撲殺した。韓国内のネット言論は殺人者側を賞賛した。

最近、中国や韓国のメディアが「なぜ台湾は親日なのか」の分析を盛んに行なっている。これは、中国と韓国が、自らがアジアから加速度的に孤立を始めていることを強く意識していることの証拠でもあるが、興味深いのはその分析の内容だ。台湾は大戦後に国民党の支配を受け、そのあまりに強圧的な支配のために日帝時代の過酷な支配を忘れさせられた、というのである。

韓国では、客観的に歴史を見ることなど思いもよらないことなのである。ただひたすら捏造《ねつぞう》したファンタジーにすがっている。その姿は、独立していたくない、という叫びのように感じる。

繰り返しになるが、韓国は日清戦争以降の歴史をなかったことにして、「華夷秩序」に戻りたがっている。大いに頼りになった記憶を古《いにしえ》に持つ、母なるシナの懐《ふところ》に戻りたいのである。そして中国はといえば現在、周辺諸国、周辺民族に対して中華思想をあからさまに提示し、韓国のようなメンタリティを手ぐすね引いて待っていると同時に、抑圧、侵略の攻勢をかけているのである。

独立していることに疲れている韓国は、同じ根をもって、反日でいることにも疲れているに違いない。そして、ここが肝心なところだが、疲れているのに、それを止めて、つまり〈特定〉であることを止めて普通化するということを意味しないのである。それどころか「華夷秩序」を取り戻したい願望には、その秩序の中に日本を呑《の》み込んで日本を消滅させるという欲望を意味するのである。日本が亡くなれば反日である必要はない。初めて韓国は、共依存の病理から離脱できるからなのである。

韓国が日本に要求する本当の「謝罪」とは

拓殖大学国際学部教授で評論家の呉善花《オソンファ》氏は、朝鮮民族の本音について、次のように語っている。

《日本の政治家はこれまで謝ってきたけれども、いまなお韓国人が謝罪を要求するのは、その謝り方が韓国式の謝り方ではないからである。ではどのような謝り方をすればいいのかといえば、土下座をして、手をすり合わせながら涙を流し、繰り返し「悪かった」といったうえで、日本の領土の3分の1ほどを差し出す、これである》（月刊誌

（「Voice」平成二十五年四月号）

「平和を愛する諸国民の公正と信義に信頼して」と謳う日本国憲法前文を賛美こそすれ疑うことをしない現代の多くの日本人には、思いもよらないことだろうと思う。中国はもちろんだが、韓国においても、日本に対して要求するのは、実に領土なのである。

「華夷秩序」の復活は、日本解体への欲望を意味する。そして、現在、元内閣総理大臣の鳩山由紀夫《はとやまゆきお》氏、外交評論家の孫崎享《まごさきうける》氏らが中心となって「世界友愛フォーラム」の名の下で推進している「東アジア共同体」という考え方は、「華夷秩序」の復興推進そのものであり、わが国にとってきわめて危険な思想であるということをしっかりと自覚すべきだ。

大東亜戦争を経験した日本人にとって、また、それを勉強した者にとって、「東アジア共同体」は、明治以来の大アジア主義と結びつくような、それを実現しようとしているような印象を持ち、その側面から肯定する向きもある。しかし、そこには大きな陥穽《かんせい》がある。当時語られた「大アジア」というもの自体、それが何を意味するものなのか検証されることもなく、評価、相対化が行なわれていないことが重要なのである。《中国および大陸と関係を深めたときに、わが国は大きな不幸に見舞われている』という石平氏の言を噛《か》み締めると同時に、岡倉天心《おかくらてんしん》以降のアジア主義が、宮崎滔天《みやざきとうてん》、頭山満《とうやまみつる》という偉大なアジア主義者に受け継がれたその内容を、客観的に捉える必要がある。

竹内好《たけうちよしみ》が単純な左翼史観を逃れて『日本のアジア主義』を著しているが、さらに一歩踏み込んだ方法論で、孫文《そんぶん》の日本への裏切り行為を歴史の文脈で明らかにする必要がある。そうして初めて、「裏切られた日本のアジア主義」というテーマも見えてくるのである。

東アジアは現在、冊封体制を再構築しつつある。「東アジア共同体」は、もともと中曽《なかそ》根康弘《ねやすひろ》氏が言い始めた言葉であり、以下多くの日本人を惑《まど》わしてきた考え方で、その典型が、鳩山由紀夫の「東シナ海を友愛の海に」という言葉である。このとき、「友愛」の意味するところは、かつて鳩山一郎《いちろう》が唱えた政治理念の「友愛」とはまったく意味を変えて、「華夷秩序」に与《くみ》するということに他ならない。

平成二十一年（二〇〇九）十二月、民主党政権が「政権交代」という大がかりな宣伝キャンペーンの結果誕生した三カ月後に、小沢一郎《おざわいちろう》が実行した民主党議員一四三名、一般参加者四八三名からなる一大訪中団の胡錦濤国家主席謁見《えつけん》は、正に朝貢外交、冊封を受ける行為そのものであり、そんなわが国の歴史上でも滅多にみられなかった冊封体制受け入れ表明だった。「東アジア共同体」の「東アジア」が意味するところは、まさにそこにあったのである。

ところで、中国に進出した日本企業は現在、どうなっているだろうか。平成二十四年（二〇一二）九月の反日暴動におけるパナソニックの、山東省《さんとう》と江蘇省《こうそ》の両工場への暴徒襲撃は記憶に新しい。昭和五十三年（一九七八）に鄧小平が大阪府茨木市《いばらき》の松下電器の工場を訪れ「近代化に力を貸してほしい」と言ったことに対して、松下幸之助《まつしたこうのすけ》氏が応えたことに始まる日本企業と中国との関係、特に松下電器のエピソードは、美談として語られることが多かった。しかしそれは、戦前に多くの日本人が孫文に求められて力を貸し、孫文自身、辛亥革命《しんがい》において「五族共和」（五族とは漢族、回族、満洲族、蒙古族、チベット族を指す）を謳いながら、最終的にはコミンテルンに接近して日本に裏切りを見せた、それの繰り返しにすぎなかった。

わが国は「華夷秩序」に呑み込まれてはならない。「華夷秩序」の外にいることがわが国の伝統であり、独立自尊の基本であり、〈脱亜〉の本質的な意味なのである。

中国があからさまに中華帝国主義を見せ始め、韓国が臆面もなく「華夷秩序」に擦り寄り始め、東アジアという概念が、明確に新たな輪郭をとり始めた今こそ、実は、日本にとってのチャンスなのである。アジアの新しい秩序を現実的に考える必要が緊急の課題として生まれた今こそは、福澤諭吉のキーワードでもあった〈独立自尊〉という言葉をきわめてプラグマティックな視点で把握し、プランし、実行していかなければならないときだからである。

中国と朝鮮は、今も昔も主従関係にある

その著『東アジア「反日」トライアングル』（文春新書）で反日三カ国の歴史的構造を喝破した古田博司《ふるたひろし》筑波大学大学院教授は、産経新聞に寄せたコラム、《「棚ぼた式独立」の傷うずく韓国》で、最後をこのように結論付けている。

《解決策はもはやない。植民地統治が合法的に自然に始まり、独立戦争のないまま米軍の進駐で自然に終わったという、朝鮮近代化の真実を韓国人が認めることはあり得ないだろう。近代国家が国家理性に傷を持つとは、かくも大きな結果をもたらすのである。

一国の指導者が国内に行けない所があるという、わが国の靖国神社問題も国家理性の傷

であり、韓国をもって他山の石となすべきだろう》

（平成二十五年十一月八日付「産経新聞」）

なんと澄み切り、晴れ渡るかのような透徹した言葉だろう。そう、《解決策はもはやなく、実現すべきは二十一世紀の〈脱亜〉なのである。

現在の韓国は自国が国家としてのレジテマシー（正統性）を持ち得ていないこと、つまり、日本が統治する以前、十四世紀から五〇〇年余にわたる李氏朝鮮の歴史を正統に受け継いでいないことに危機感を抱いている。一九一九年に李承晩《イスンマン》らが建てるも、国際的な承認にはまったく至らなかった上海《シャンハイ》大韓民国臨時政府による抗日運動の幻想に仮託して、日本による統治を、朝鮮半島の富、文化の収奪のための植民地政策と断じ、なんら客観的な分析評価を行なわない態度に固執しつづけるのは、その危機感の裏返しに他ならない。

そして「反日」ファシズムはそのまま国家公認の歴史となり、現代韓国の若い世代、特に五十代から四十代以下の韓国人に強烈に刷り込まれている。第十八代大統領朴槿恵も例外ではなく、外交の現場で見境のない反日的な言動を繰り返すのもそこに理由があろうし、また、先に述べた公園での九十五歳の老人の悲劇は、まさにその典型的な例である。

平成二十五年九月には、韓国籍の二十三歳の若者による靖国神社放火というテロリズムとしての反日ヘイトクライム事件（民族憎悪犯罪）まで起きている。大事には至らなかったが、今後こうした事件は限りなく増え続けていくはずである。

日本国内のメディアは、決して〈特定アジア〉の実態を報道してこなかった。メディア業界において自虐史観がファンダメンタル化している異様な状況と、そしてスパイ天国と呼ばれるほどに脆弱《ぜいじゃく》な日本のインテリジェンスや安全保障環境は、韓国系勢力のメディアへの潜入と操作を自在に許し、かたや中国による情報工作もまた、NHKをはじめ、全メディアに及んでいるのである。

ここ数年ネットメディアを通して、その実態の異常さを知る人々が増えてきたものの、まだまだ大多数には知らされていない。平成二十五年十月にTBSが土曜夜の情報番組で「冷え込む日韓関係　韓国〝反日〟の正体とは？」を企画した。本書の読者であろう人たちには、すでに当然のこととして知られている、さまざまな出来事や現象が地上波テレビで流れたところ、予想以上の大反響を呼んでしまったと聞く。こんなに滑稽なことはない。

神道文化圏であるわが国とは異なり、大陸と半島は儒教文化圏である。とはいえ、それは中国に儒教文化が残っているという意味ではない。儒教精神が最も根付いているのは武士道を生成した日本であるという説もある。

現在、中国が世界各国に孔子学院という機関を盛んに設置して、日本でも早稲田大学をはじめ複数の大学に設置され、沖縄にも置かれようとしている。これはもちろん侵略を前提とした対外広報工作機関であり、孔子の名をはじめとして、使えるものは何でも使う、中国が得意とする戦略の一環だ。儒教は、かつて毛沢東《もうたくとう》が蛇蝎《だかつ》のように嫌って否定していたものである。現在、中国の目的に気づいた米国、カナダ、またEUの一部では、孔子学院を強制的に閉鎖する施策がとられるようになりつつあるのだが、日本では手つかずのままである。

政治的な仕組みとして儒教的な構造を取り入れたものの、日本が中華思想を持たなかったのは、この文化圏の違いに理由があろう。朝鮮半島は中国の中華思想を受け継ぎ、小中華思想を自家薬籠中のものとした。大中華、つまり中国に事大《じだい》していれば（つき従っていれば）、自国家の地位も保たれるという、小中華の思想が、歴史的遺伝子レベルで組み込まれているのだ。中国と朝鮮は主従関係にあり、〈特定アジア〉が三国で構成されるのも歴史的な運命である。

しかし、ここにきて北朝鮮が以前とは性格を異《こと》にする変数となりつつある。経済支援の交渉先をアメリカから日本にシフトしようとしている気配もそのひとつである。過酷な全体主義の中で、深刻な人権侵害に絶えず苦しみ、二〇万人以上が強制収容所に送られ、毎年夥《おびただ》しい数の餓死者を出す北朝鮮は、一方で脱北者の証言によれば、韓国よりもはるかに親日であるとも伝えられる。北朝鮮は、絶対専制君主の世襲制をとっていることから、金氏朝鮮として李氏朝鮮を正統に受け継いでいるという考え方があり、そこでは、韓国よりも国体が明確であるという見方もできる。

「歴史を鑑《かがみ》とする」ということとは

しかし肝《きも》に銘《めい》じなければならないのは、歴史に学んで戦前の失敗を繰り返してはならない、究極を言えば、半島を二度と併合し統治するような真似をしてはならない、ということである。日清戦争の前後、併合にいたる過程で、朝鮮が事大主義を発揮してロシアに近づき、清に近づき、また、米国にも接近し、最終的に日本に助けを求めてきた歴史的事実を考えると、今また同じことが繰り返されていると多くの人は気づくであろう。

いや、むしろ一九一〇年の朝鮮併合は、欧米帝国主義諸国から、朝鮮半島を日本に押しつけられたようなものである。

「窮地になったら日本が助けてくれる」という論調は今、韓国のメディア上にまで露見している。一〇五年前の併合前夜とまったく変わらず、時のロシアが今はアメリカに、時の清が今は中国共産党に変わっているだけの話なのだ。

先に引用した古田博司氏のコラムで最も重要なのは《近代国家が国家理性に傷を持つとは、かくも大きな結果をもたらすのである。一国の指導者が国内に行けない所があるという、わが国の靖国神社問題も国家理性の傷であり、韓国をもって他山の石となすべきだろう》の一節である。

わが国の国家理性の傷の修復が二十一世紀の〈脱亜〉の先決事項であり、同時に、その作業そのものが〈脱亜〉の実行ということでもある。

香港の一部メディアは二〇一五年に中国は崩壊すると予測している。おそらくは人民解放軍の軍区を線引きとして分解する。また、そうでなければパワーバランス上危険きわまりなく、そうあることを願いたい。上海を中心とする華南は共和国となり、わが国が連携を考えうる地域として出現する。二十一世紀の〈脱亜〉をもって開かれたアジアへの連携を描けば、独立した台湾、ベトナム、フィリピン、インドネシア、ミャンマー、タイ、インドとの関係が、海洋国家たる日本の世界観として展望されてくる。ウイグルは東トルキスタンとして独立し、チベットもまた独立を果たすだろう。南モンゴルもまた現在のモンゴルに編入されて民族の統一が実現する可能性がある。

ここに一枚の地図（左ページ）がある。一九三二年、すなわち昭和七年、満洲事変の翌年に米国シカゴの地図会社が発行したものである。ちなみに付記したいのは、この地図は満洲事変の翌年に発行されたものであるにもかかわらず、欧米列強が認めなかった満洲国が明瞭にその国境線を描いていることである。欧米は、満洲事変が日本の侵略ではないことを知っていたのである。

歴史は繰り返される。けれども、失敗を繰り返す必要はなく、また、繰り返してはならない。歴史を鑑とするということはそういうことなのである。

米国が認めた「満洲国」

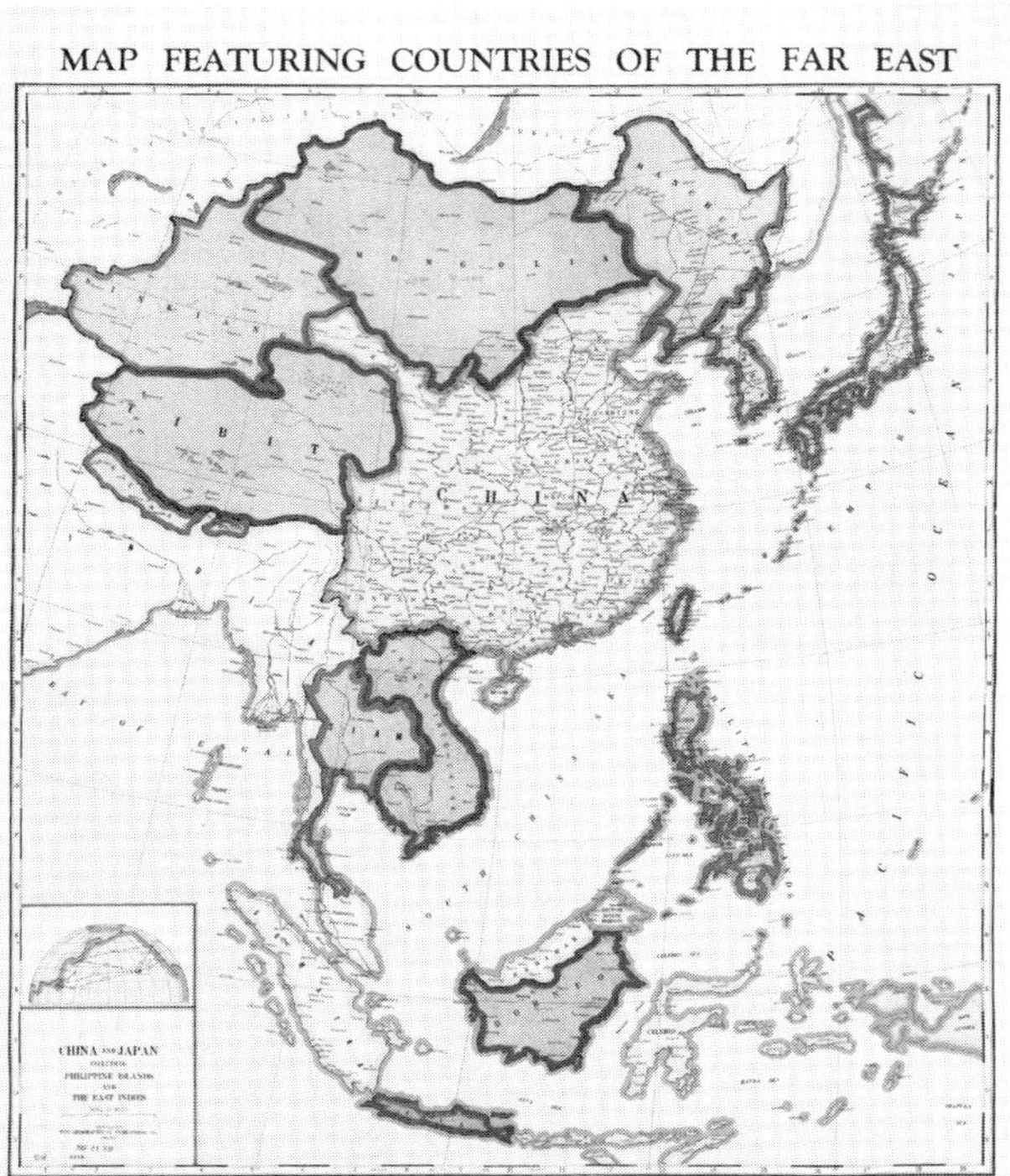

1932年、満洲事変の翌年、シカゴの地図会社が発行した地図。満洲国に明瞭な国境線が引かれている。

第三章　閉ざされたアジアから、開かれたアジアへ

日台の連帯こそ、東アジアの新基軸

第一章の冒頭で、台湾映画『KANO』を紹介した。実は、『KANO』には、日台関係の歴史や将来だけでなく、現在の東アジア状況や、本書のテーマである〈脱亜論〉までを含む、ひじょうに重要な意味が込められている。日台関係から見た、東アジアの新たな地平が仄《ほの》見え、東アジアの新機軸を捉《とら》えることができるのである。『KANO』は、ある意味、台湾から凝視する東アジア論でもある。

したがって、本章でも、少々つけ加えなければならないことがある。台湾で公開された二〇一四年二月下旬から、私はことあるごとに多くの人に『KANO』を薦《すす》めてきた。日本で公開が始まった平成二十七年（二〇一五）一月以降になると、多くの感想が私に寄せられるようになった。時たま出演するラジオ番組の進行役の女性アナウンサー、Kさんからこんなメッセージが届いた。

「いつもご出演ありがとうございます。今日、『KANO』を観て参りました。これまで観てきた映画の中で、間違いなくダントツ一位です。素晴らしい映画に出逢え、幸せです。ありがとうございます！」

他の人からもこのような大絶賛の反応が舞い込んでいる。日本人がこれだけ感激するのは、日本人が忘れてしまった戦前の日本の教育やそれがもたらす文化を、台湾人がいかに大切にしているかということを『KANO』という映画が見事に証明してくれたからである。第二次大戦前の教育、特にスポーツの分野でいえば、最近でも非難の的《まと》になる〈スパルタ〉や〈しごき〉は、戦前教育の残滓《ざんし》と見なされ、およそ肯定的な評価を見つけることは難しい。それが戦後の常識だった。

ところが、台湾という異国から、しかも、かつての日本の植民地から、私たちが一面の価値も認めず全否定して捨て去ったものを「いえいえ評価できる部分もありますよ」というメッセージが、不意を衝《つ》いて私たちに届いた。もっとも、植民地といっても欧米のそれと異なり、搾取《さくしゅ》や奴隷制が前提でない〈共栄圏〉づくりをコンセプトにするきわめて日本的な植民地統治だった。だからこそ、インフラ整備、教育制度の拡充・発展を第一義的に行なうことができたのである。

戦後史観で言われるように、日本が行なったインフラ、教育制度の整備、拡充は、決して苛酷な植民地統治のアリバイだったのではない。その証拠に大阪帝国大学（現大阪大学）や名古屋帝国大学（現名古屋大学）より、京城（ソウル）帝国大学（現ソウル大学）と台北帝国大学（現台湾大学）の設置が先んじたり、士官学校、つまり軍隊の幹部候補生学校の門戸も現地人に公平に開いていたのである。そんな〈植民地〉は、世界中のどこにもなかった。つまり、前提が逆なのである。

就任以来三年目を迎えるものの、反日宣伝の〈告げ口外交〉しか実績を残せていない韓国の朴槿恵《パククネ》大統領の父、朴正熙《チヨンヒ》元大統領は家が貧しかったので師範学校に特待生で入学、教員を務めた後に、満洲の軍官学校には年齢制限で応募資格がなかったものの血書嘆願した結果、学校側の特別の計らいで入学、卒業後は日本の陸軍士官学校に留学し、昭和十九年（一九四四）に卒業している。国際条約によって日本に併合された朝鮮においても、本人が優秀なら、家庭環境や応募資格をも乗り越えられるシステムが整えられていた。それは台湾でも同様だった。

そうでなければ、『KANO』のような映画が生まれるわけはない。

映画『海角七号』が台湾にもたらした変化

『KANO』のプロデューサーで脚本を書いた魏徳聖《ぎとくせい》氏は、一九六九年生まれ、四十六歳ながら今や台湾を代表する文化人となった。これまでに『海角七号』（二〇〇八）、『セデック・バレ』（二〇一一）という大ヒット作のメガフォンを取った。

『海角七号』は日本統治時代の女学校の日本人青年教師と台湾人女学生、友子《ともこ》の淡い恋愛がモチーフになった。日本の敗戦後に引揚げ船で内地に帰る教師が、駆け落ちを約束した教え子の将来を案じて彼女から身を隠し、一人彼女を波止場に残して引揚げ船で台湾を後にする。そんなシーンから映画が始まる。引揚げ船の中で彼女に手紙をしたためながら、彼はこう呟《つぶや》く。

「みんなが寝ている甲板で、低く何度も繰り返す。捨てたのではなく、泣く泣く手放したんだ」

一転、舞台が六三年後の二〇〇八年の台湾になる。コミカルで温かい現代の台湾人の人間模様が軽快なタッチで描かれていく。そして、六三年前に内地に引き揚げた青年教師が日本から投函できなかった手紙を、彼の娘が遺品の中から見つけ、そのまま台湾に投函する。それによって、一本の細い糸でかろうじて繫がっていた一人の日本人と一人の台湾人の関係が時空を超えて蘇《よみがえ》り、現在の日台関係をそのまま投影するものになるのである。

『海角七号』というタイトルは、日本統治時代の住居表示で和訳すれば「岬七番地」ということだ。住所が変わり、宛先人不明になった日本からの手紙を勝手に開封してしまう郵便局勤めの主人公。その主人公は台湾に仕事で来ていた日本人の売れないファッションモデルと偶然知り合い、恋が芽生えていた。そんな伏線が絡み合いながら笑いと涙の中でスピーディーに物語が進行し、海辺の野外コンサートでエンディングを迎える。

重要なのは、主人公がついに六三年前の『海角七号』宛の手紙を友子に届けるシーンが、丁寧に撮られていたことだ。穏やかでゆったりした時間の中で、庭先で編み物をする一人の老婆の後ろ姿。次のカットで、編み物をしながらまどろんでしまった老婆の横に、さりげなく置かれた六三年ぶりに届けられた封書を観客は目にすることになる。次のカットで目が覚めた老いた友子がその封書に気づくと、場面はコンサート会場に切り替わる。

『海角七号』は台湾映画史上『タイタニック』に次ぐ観客を動員して、一躍、魏監督をスター監督に押し上げた。脚本、演出と、魏徳聖氏の才能が惜しみなく発揮されていたからだが、『海角七号』はただの映画の大ヒットとは異なった次元で台湾に大きな変化をもたらした。一種の社会現象となって、世代を超えて台湾人に旋風を巻き起こしたのである。

しかもそれは、六年後の二〇一四年に大きな地殻変動となって台湾社会を大激震させた新しい動きの初期微動に過ぎなかった。それも台湾だけでなく、香港、マカオ、そして何よりも日本を含めた東アジア全体に地政学的な変化までもたらすものになるとは、当の魏徳聖監督ですら想像も及ばなかったはずである。この、台湾を起点とする東アジアの地政学的変化は後で詳しく述べる。

平成二十一年（二〇〇九）の『海角七号』日本公開直前に、初めて魏徳聖監督にインタビューした私は、真っ先に訊《き》きたいことがあった。

それは、台湾に残した友子に対し日本人教師が心で呟く「捨てたのではなく、泣く泣く手放したんだ」というセリフの真意である。

あのセリフは友子という一人の教え子に対してのものだけではなく、日本人の台湾そのものへの気持ちを込めたのではないかと、そんな質問をした。すると、即座に彼は微笑《ほほえ》みながらこう答えた。

「いいえ、そんな深い意味はなかったんです」

魏監督は意識上では、自覚している範囲で、正直に答えてくれたのかもしれない。しかし、往々にしてクリエイターは無意識に創作上の秘密や動機を作品の中に産み落とすものなのである。と同時に、台湾からの日本へのベクトルがどのようなものなのかは、台湾人でない限り想像によるしかない。

「映画を作っているうちに、日本というものが自分が考えていた日本と、実際の日本の間でズレを感じるようになったのも確かです」

こう言葉を継いだ魏監督は、彼の中の〈日本〉を求めているのと同時に、〈台湾〉それ自体をも求めていたのではないだろうか。〈日本〉を求めることと〈台湾〉を求めることが同じ意味を持ち得るのは、それだけ彼が真摯《しんし》に、しかも客観的に世界を捉え、台湾と日本をきちんと相対化しようとしているから可能になるのではないか。そこで初めて私たち日本人は、アジアの隣人の中で真正面から向き合うことのできる〈台湾〉という貴重な存在を獲得できるのである。

台湾と韓国で、対日観が大きく異なる理由

そう考えると、いつも不可解に思っていたことも腑《ふ》に落ちる。日本人なら誰でも不思議に思っている、同じ日本の統治を受けた台湾と韓国で、なぜこうも日本に対する評価や感情が違うのかという疑問である。

併合であれ、植民地であれ、日本統治時代の自己のあり方を客観的に評価することができず、観念の中でラベリング（レッテル貼り）、つまりイデオロギー的な規準でしか〈日本〉を見ることができないのが朝鮮半島なのである。彼らは自らを客観視できない上に、日本を客体化することができない。ただ、北朝鮮は韓国とは少し異なった面があり、この

件で南北朝鮮を一緒にするのは少々乱暴だが、紙数の関係でご容赦願いたい。

韓国人が見ている〈日本〉は、実はハイデッガーのいう「ダーザイン」(Dasein)、現存在としての〈日本〉ではなく、どこにも存在しない観念の中の〈日本〉でしかない。別の言葉で言えば、〈マトリックスとしての日本〉なのである。そこで初めて、韓国人が日本軍が慰安婦を二〇万人強制連行し性奴隷にした、というファンタジーを、現実のものとしている精神構造にも迫れる。ソウルの日本大使館前や米国のグレンデール市に設置された慰安婦像も、〈現存在としての慰安婦〉ではなく〈マトリックスとしての慰安婦〉に過ぎない。

このように朝鮮半島は〈日本〉という存在をきちんと相対化して見つめることができず、〈日本〉はいつも絶対の概念になる。言葉を換えれば、韓国にとって〈日本〉という概念は存在せず、〈日本それ自体〉が〈侵略者〉、〈破壊者〉、〈悪〉という絶対的な価値でしか存在し得ないのである。

前章で韓国の〈反日原理主義〉を精神病理学的な見地から〈共依存〉という概念で説明したが、こうした日本の〈絶対化〉にも繋がる同じ構造なのではないだろうか。

さらに、日本人はどこから来たのかという別の視点から、日本と〈特定アジア〉（中国と朝鮮半島）は別々に離れたほうがお互いが幸せになれる根拠を説明しなければならないが、それは後に述べることにする。

魏徳聖監督が『海角七号』の次に発表したのは『セデック・バレ』だが、実は『セデック・バレ』が本当の監督第一作だった。だが、資金難のために暗礁に乗り上げ、製作中断を余儀なくされたのである。

「最初の監督作品がつまずいたのはひじょうに辛かったですが、気持ちを切り替えることができたのが良かった。結局、『海角七号』を先に作ることになって大ヒットしたお蔭で製作資金ができたのはラッキーでした」と屈託なく魏氏は言う。

『セデック・バレ』は一九三〇年、台湾中部の台中《たいちゅう》州能高《のうこう》郡霧社《むしゃ》（現・南投《なんとう》県仁愛《じんあい》郷）で起きた台湾原住民による日本統治時代の最大の抗日暴動、「霧社事件」を題材にしている。原住民の誇りが日本統治以来失われてきたとするセデック族が、日本人と結婚したセデック族の妻が事故死したことを発端に、暴動に発展したのが霧社事件だった、

映画では日本人警察官との間で起こった小さないざこざが原因で発生した原住民による武装蜂起として描かれ、日本人警察官が斬首されるといった血腥《なまぐさ》い残虐シーンも頻出する。セデック族を含めた台湾原住民には首狩りの風習があったのである。実際、霧社事件

では小学校の運動会が襲撃され、女子供を中心に日本人だけが約一四〇人以上も虐殺された。

そもそも台湾は福建《ふっけん》から福建人が移住しはじめ、清の支配が及び始めた十七世紀からはシナから「化外《けがい》の地」とされ、台湾原住民は「化外の民」と言われて野蛮人と見なされていた。つまり、清も、台湾には冊封《さくほう》が及んでいないという認識で、領土という意識はなかったのである。

台湾の原住民は、一四民族が台湾政府の原住民族委員会によって、一九九六年に公式に認められ、国民党から政権を奪取した民進党政権が、二〇〇五年に原住民族基本法を制定し、初めて原住民の人権などが考慮されるようになってきた。そんな流れの中で魏徳聖監督の『セデック・バレ』は企画され、製作された。ちなみにセデック族が原住民族として政府に認定されたのは二〇〇八年で、一四民族の中で最も遅く、偶然にもちょうどその直後から『セデック・バレ』の映画製作も本格化した。

台湾の原住民はおよそ四九万人、台湾総人口、二三四〇万人の二・一％を占める。そんな少数民族の視点から魏徳聖監督が見つめたかったのは、台湾人のアイデンティティである。『セデック・バレ』を抗日映画に位置づけて評価しようとする人もいるが、明らかな間違いである。戦前の日本は悪であり、台湾と朝鮮の統治は悪だったという近視眼的な反日史観そのもので、そういうイデオロギーの持ち主ほど、魏徳聖監督の『海角七号』と二〇一四年に大ヒットした『KANO』を日本の植民地統治を美化したと言って酷評する。まさにそれは、文化、芸術が政治主義に侵される典型的な例である。

注目すべきは、『セデック・バレ』に描かれた霧社事件の抗日暴動は、『KANO』の嘉義農林中学が台湾代表として甲子園で準優勝した昭和六年（一九三一）の前年の出来事なのである。台湾原住民による多数の死者を出す抗日暴動があった翌年に、嘉義農林は松山商業から赴任した近藤兵太郎監督の下で、『KANO』のセリフにも出てくるように「漢人、蕃人《ばんじん》（原住民）、日本人という三民族混成チーム」で台湾大会で優勝し、甲子園でも奇跡の準優勝を遂げたのである。日本人と台湾人に苛酷に刻まれた霧社事件の大きな悲惨な傷を、意図的でなく、政治主導でもなく、野球というスポーツの位相から克服しようとしたのだ。まさに日本と台湾の犠牲者に、偶然にも訪れた魂の救済と言ってもいいではないか。

さらに四年後の一九三五年には、日本の植民地として日本人としての皇民化政策がとられながら、中華思想で「化外」の野蛮人に当たる「蕃人」、「生蕃」という呼称で台湾原住民が呼ばれていることに秩父宮雍仁《ちちぶのみややすひと》親王（昭和天皇の弟宮・第二皇子）が心を痛め改称を提言し、「高砂族」と公式に呼ばれるようになったという逸話もある。

不思議なことに、日韓併合による朝鮮の日本統治時代に、霧社事件のように一四〇人もの日本人が惨殺されるなどという抗日暴動は起きていない。もちろん大正七年（一九一八）に起きた、いわゆる「三・一運動」と呼ばれる独立運動とそれにともなう暴動はあったが、霧社事件の凄惨さとインパクトとは、とても比較できないのである。

台湾のアイデンティティが向き合う日本

『KANO』を撮った馬志翔《まししよう》監督は弱冠三十八歳で、原住民族、しかもセデック族出身で、いくつかのテレビ映画や短編映画を手掛け、『セデック・バレ』では抗日暴動を起こすセデック族ではなく、実在の親日派の原住民、タイモ・ワリスを演じた。撮影中に魏徳聖氏から『KANO』の構想を聞き、ぜひ、監督をやりたいと申し出ていたのである。

「野球をやっていたので、この映画は僕にしか撮れないと思いました。本当に素晴らしい映画を撮ることができて、多くの人に喜んでもらい、こんなに幸せなことはありません」

精悍《せいかん》な顔でそう答えた馬志翔監督は、日本の植民地統治についてこう言う。

「いろいろな面があると思います。いいこともあったけど、悪いこともあった。それをどのように捉えて現代の人々に訴えるかということが重要です。

差別もあったけど、いい面もあった。だからと言って日本統治の負の面も忘れてはいけない。歴史は権力者が作るものですが、そうでないものを拾っていきたいんです。教科書には、日本時代の悪いことしか書いていません。台湾は植民地時代を抜けて大きな大人になりました。しかし、植民地時代を幼年時だとすると、我々が通ってきた子供の時代を、なかったことにできません。子供の時代はあったんですから」

確かに霧社事件の首謀者と対立する原住民の親日派の大役を『セデック・バレ』で演じたことと、『ＫＡＮＯ』の監督とでは、ある意味、日本統治の「差別」と「いい面」の両端を、俳優と監督で大きく振幅しながら具現化したわけである。

次の映画は何を撮りますかと訊くと、彼は悪戯《いたずら》が見つかった子供のような目つきで「太平洋戦争を撮りたい。人と土地をテーマにしたい」と答えてくれた。

しかし、数万人もの高砂族が血書をたずさえて日本陸軍に志願して、数百倍の倍率で結成された「高砂義勇隊」の話ではないという。高砂義勇隊は南方戦線で実に勇敢で献身的な戦いをしたことで知られている。

「高砂族をテーマにするつもりはありません。もう一つは、台湾原住民の神話を映画にしたいんです。この二つは大作になります」

『KANO』ではプロデューサーになった魏徳聖氏には、東京で在日台湾同郷会が主催した《映画「KANO」プロデューサー・魏徳聖さんと語る会》でいきなりこんな言葉をぶつけてみた。

あなたは台湾人のアイデンティティを探しているのではないかと——。

インタビューではいつも魏氏は慎重に言葉を選んで物静かな口調になるにもかかわらず、このときは驚くほど即座に、そして強い口調で答えてくれた。

「そうなんです。台湾は中国から清の支配を受ける前にはオランダ人がやって来た。それから明《みん》の時代があって、清の時代になった。清の後に日本の植民地になり、戦争に負けると今度は中国国民党の支配を受けたわけです。台湾はどこにあるのか、ということです」

『海角七号』、『セデック・バレ』、『KANO』とこれで魏徳聖氏の関わった映画は、すべて日本との関わりがテーマになる。日台関係三部作ではないか、と水を向けた。

「今の日台関係に特別関心があるわけではないんです。台湾と中国の関係にしてもそうです。歴史の中から物語を探してくるというのが僕の手法です」

私は、こう続けた。台湾はずうっと植民地だった――。

「そうです。日本の友人と話すと、経済的に大変だとか、アメリカの言いなりにならなければいけないときがある、と不満を言います。しかし、台湾と比べれば、はるかにまともです。台湾は国としての体裁を整えられない状況が続いています。そういうことを、私は映画というソフトで何とか伝えていければと思います。

アイデンティティを探すのは台湾の人にとって一番大事な問題です。孤児は里親を探すといいますが、小さいときなら里親がいなければ生きていけません。ただ、台湾は不完全なところはあっても、もう四十歳、五十歳の大人です。四十歳になった孤児は里親を探しますか？　もう家庭を作って自分たちの子供を養っていかなければなりません。そういうことを映画で台湾の人たちに伝えたいのです」

第一章でも触れたが、「ひまわり学運」と呼ばれる学生たちが二〇一四年三月に台湾立法院（国会）を長期間占拠した。魏徳聖氏はその学生たちにメッセージを送ったのだが、何を彼らに伝えたのだろうか。

「学生たちから占拠中の国会に来てくれというメッセージを受け取りました。彼らとはコンタクトは取っていたし、彼らのやっていることは正しいと思っていました。ただ、私が行って何ができるのか、と疑問に思った。私は、ただの映画関係者に過ぎません。だから、彼らに言ったんです。国会で皆さんのために『ＫＡＮＯ』を上映しようって（笑）。それが彼らへの励ましになると思いました」

魏徳聖氏が創造したソフトパワーは、学生たちを確実に支えたのである。そのソフトパワーは、実は日台関係や東アジア全体にも大きな力を及ぼすはずである。

いずれにしても、台湾のアイデンティティを証明するために〈現存在〉の日本に対し、台湾という〈現存在〉を突きつけているのが、若い世代の台湾人なのである。韓国とのこの決定的な差異が、日本がこれからアジアのどこへ向かって連携していかなければならないかを明確に教えてくれる。

台湾、フィリピン、インドネシア、ベトナム、タイ、そしてミャンマーからインドへの道が、二十一世紀のアジアの平和と安定の重要な基盤になり、世界の平和に寄与していくのはあまりにもわかりやすいチャートである。

分子生物学、遺伝子学から読み解く日本人の出自

第一章で日本人の遺伝子が、漢民族と朝鮮民族と大きく異なる点を説明した。日本人の

遺伝子のY染色体のハプロタイプにD因子が非常に多いのが特徴である。Y染色体は男系遺伝子であり、このDの比率が際立って多いのは世界的にも日本人とチベット人だけである。男系遺伝子ということは、日本人の男性のみが持つ遺伝子であり、民族的なアンデンティティを科学的に保証するものだろう。つまり、遺伝子学と分子生物学的にも、日本人は漢民族、朝鮮民族と大きく違う民族であることが証明される。もちろん、Y染色体の構造の違いがその民族の文化形成にどのような差異をもたらすかは、まったく解明されていないが、少なくとも差異の要素であり、違いの必要条件であることは間違いない。

日本列島で見られる「ハプログループD1b」は、ハプログループDの中でも、M55など、少なくとも五つの一塩基多型の変異によって、チベットやアンダマン諸島等のグループと明確に区別される。またアイヌにおいては「D1b」が一六人に一四人の割合に当たる87・5％の高頻度で見られる。アイヌに見られるD1bの内訳はD1b*（81・25％）、D1b1a（6・25％）である。

日本本土（九州、本州、四国）では、地域差もあるが、40％のハプログループが「D1b」であり、これは古代の縄文人の末裔である可能性が高い。

また沖縄でも、沖縄北部で、住民の56％が「ハプログループD1b系統」に属している。

『新日本人の起源―神話からDNA科学へ』（勉誠出版）や『DNAでたどる日本人10万年の旅』（昭和堂）などの著書がある医学博士、崎谷満《さきやみつる》氏は、ハプログループDに属する人々は、日本語の文法の特徴である、SOV型の語順の言語を話していた、とする説を唱えている。

Y染色体のハプログループDの分類からわかるのは、日本人はアイヌや沖縄までほぼ同質のY染色体遺伝子を持つということであり、考古学的に縄文人と言われてきたアイヌ、さらに琉球人も、日本本土の日本人と同質であるということだ。これは、弥生時代に異民族が日本列島を征服したなどという「騎馬民族説」や弥生人と縄文人が異民族であるというこれまでの通説を科学的に否定するものである。日本人は日本列島と北海道、沖縄において、長い時間をかけてゆるやかに混ざり合って大和民族たり得たということに他ならない。

また、第一章では触れなかった血液のGm遺伝子による分類からも、松本秀雄《まつもとひでお》氏は『日本人は何処から来たか―血液型遺伝子から解く』(日本放送出版協会)で詳細に分析をしている。これはもはや遺伝子学、分子生物学のレベルからのアプローチと言えよう。松本氏によれば、日本人の血液型Gm遺伝子は、アジアの中で珍しいことがわかる。しかも、面白いことに、血液型Gm遺伝子においても、日本人とチベット人の近似性がきわめて高いのである。

ここでこのテーマに触れたのは、現在チベット、ウイグルで中国共産党によりひじょうに危険な政策がとられているからである。それは〈民族浄化〉という蛮行のことで、まさに現在進行形の二十一世紀のナチズムであり、本書のテーマからも看過することができないものである。

二〇一四年八月二十八日に、ひじょうに興味深い報道があった。チベットのラサで行なわれたチベット人の祭典を武装警察が包囲して暴力的な圧力をかけたのであるが、このラサの式典に出席したチベット自治区共産党幹部は「『民族の統一』を進めるためにチベット人とシナ人の結婚を促進しなければならない。それが『調和した性質』のためだ」と言って一九組のチベット人カップルの結婚を脅迫したのである。

つまり、習近平は二十一世紀の民族浄化を「中華民族の夢」、「中国の夢」という言葉で表現し、〈チャイナチズム〉で二十一世紀の華夷秩序の復活を目指しているのである。現在、このような中国の横暴を止める手段は閉ざされている。なぜなら、米国のオバマ大統領は、経済的な利益導入のみで中国と外交し、かねてからの優柔不断さも相まって、とても中国の周辺民族弾圧を強く非難することはできないからである。さらに経済的に取り込まれた英国は、習近平の訪英の際にも、王室に屈辱的な対応を余儀なくされたような状態なのである。

チベットでは二〇〇九年以来、焼身抗議と言われる焼身自殺が頻発していて、これまでにチベット自治区と、周辺の本来のチベットである甘粛《かんしゅく》省、青海《せいかい》省、四川《しせん》省の一部などで、本書執筆時点までに一四〇人以上のチベット人が、男女、職業の別なく（僧侶が多い）、中国共産党のチベット文化弾圧などへの焼身抗議によって絶命している。

こんな状況を少しでも改善することも、本書に込めたテーマの一つである、開かれたアジアと世界への日本の躍進に適うものなのである。インドのモディ首相と安倍首相は、チベット支援という意味からも、また、東アジアから南アジアへの安全保障の面からも、今後も十分この問題を、両国の懸案事項として重視すべきである。それが、インドに亡命政府を作るチベット人の、そしてウイグル人、台湾人の願いでもあるはずである。

沖縄に巣喰《すく》う異常な反日団体

前述したが、重要なので再度触れなければいけないテーマがある。ここまで本書を読み進めてきた読者の方なら、沖縄が紛れもない日本の一部で、しかも古代から日本を形成してきた重要な地域であることを理解いただけたはずである。現在、沖縄は異常な地元メディアの偏向報道が情報空間を占め、ひじょうに危険な状態に陥っている。しかも、尖閣諸島が中国のものでないことが１００％歴史的にも証明されるようになって、尖閣が沖縄に帰属するなら、では沖縄は中国に帰属することにすればいい、という逆転の発想で、中国共産党が必死の情報戦争を、この三年ほど目立って仕掛けている。

驚くことに沖縄には琉球民族独立総合研究学会という組織まで設立されている。本土メディアは、この団体の怪しさ、胡散《うさん》臭さを報じないばかりか、存在することすら、ほとんど知られていない。この「学会」はたとえば、このような働きをするのである。平成二十七年（二〇一五）一月四日付「琉球新報」の記事である。

《琉球併合は「国際法違反」　独立学会、日本政府に謝罪要求

琉球民族独立総合学会の松島泰勝《まつしまやすかつ》共同代表ら4人は3日、那覇市久米の外務省沖縄事務所に山田俊司首席所員を訪ね、「独立国琉球国のヤマトによる武力強制併合は明らかな国際法違反」と抗議し、日本政府に謝罪と「琉球の植民地支配の即時停止」を要求した。また、1850年代に琉球国が米国、フランス、オランダとそれぞれ締結した琉米、琉仏、琉蘭の3条約の原本を外務省外交史料館が保持していることについて「琉球国の強制併合の過程で収奪された」とし、沖縄への返還を求めた。

同学会が政府関係機関へ直接行動を起こすのは初めて。松島共同代表らは3条約を根拠に、琉球は1879年の琉球併合（「琉球処分」）当時、独立した主権国家だったとし「強制併合」は「国の代表者への強制」を禁じたウィーン条約法51条違反だと主張した。

一方、松島共同代表らは、辺野古《へのこ》新基地や東村高江《ひがしそんたかえ》のヘリパッドの建設問題について「基地の押し付けは琉球への差別だ」とし、建設の即時中止・撤回を求めた。要請文はオバマ米大統領にも直接郵送するという。琉球の歴史、自然、言語に関する教育を受ける機会を設け、拡充することも要求。要請文は県や県教育委員会などにも郵送する。

松島共同代表らは抗議・要請の後、会見を開き「グアムの先住民族チャモロ人とも連携し、国連に琉球の差別問題を訴えていく」と話した》

常識と普通の知性があればトンデモ記事であることは一目瞭然だが、沖縄の閉ざされた情報空間に身を置いていると、こんなプロパガンダ記事を真に受けてしまう人も少なからずいる。そういう総体が、たとえば普天間《ふてんま》基地の辺野古移転をめぐる知事選挙、市長選挙などの投票行動に作用を及ぼしてしまうのである。

まず、日本人を分断することが中国共産党や反日勢力の初期目的で、その結果、こんな報道があるのだから琉球はもともと日本ではない。だから、基地をなくすには日本から独立すればいい、というほとんど支持者のいない、トンデモ意見に一種の信頼性や客観性を与えるのがこの手の報道による、情報戦の手法なのである。

この反日団体の主張を一つひとつ見れば、どれも根も葉もない言い掛かりのようなものだが、まずひとつだけ確認しなければならないのは、沖縄は文化的にも歴史的にも、とりわけ文化人類学的にも、遺伝子学的にも紛れもなく日本の一部であるという前提なのである。この前提を保証するものは数限りなくあるが、先に述べた遺伝子学的な考察に加え、第一章でふれた神の問題をここでは補足したい。

その前に、まず古代から沖縄は日本人のシナへの通路になっていて、シナは一度たりとも、どの王朝の時でも、隋《ずい》でも唐《とう》でも、宋《そう》、明、清、いずれの時代でも、琉球を自らの領土と認識したことがないことに触れておく。

平成十二年（二〇〇〇）七月に奇《く》しくも同じテーマの書籍が同一出版社から刊行された。新潮社から出た谷川健一《たにがわけんいち》氏の『神に追われて』と、岡谷公二《おかやこうじ》氏の『南の精神誌』である。両書に共通するのは、それぞれ民俗学的なアプローチと歴史学的なアプローチから、沖縄に日本の神々の原型を見た、という命題である。これは先に紹介した岡本太郎の紀行文と、まったく同じ結論を導いている。

谷川健一氏は「ユタ」と「ノロ」という沖縄の祭祀の司祭を追い、神道とのつながりを描写する。岡谷公二氏は「御嶽《うたき》」という沖縄独特の祝祭空間が、日本最古の神社である山をご神体とする奈良県の大神《おおみわ》神社と同様に、森を聖地とする神社の原型に通じることを著している。

森を聖地とする沖縄の信仰は、つまり伊勢神宮の神域である森に繋がり、沖縄に日本文化の原点を見ることができる。面白いことに、琉球王国には「聞得大君《きこえのおおきみ》」と呼ばれる独特の女性神官がいて、最高権力者である琉球国王のおなり神に位置づけられていた。国王と琉球全土を霊的に守護する存在だったのである。この「聞得大君」にほぼ同じ位相を持つのが、伊勢神宮の「伊勢斎宮《いつきのみや》」ではないか。これだけ、日本の原点と沖縄の原点が通底する事実を多くの人は知らなければならない。

南アジアへの道

平成二十六年（二〇一四）四月に、外務省のASEAN諸国調査が発表された。ASEAN諸国に日本がどう受け止められているかを、海外の調査会社に委託し、きわめて客観的に調査した信頼性の高いものになっている。

《外務省は、IPSOS香港社に委託して、本年3月に、ASEAN7ヵ国（インドネシア、マレーシア、フィリピン、シンガポール、タイ、ベトナム、ミャンマー）において対日世論調査（各国において18歳以上の識字層約300名を対象にオンライン方式で実施）を行ったところ、結果概要は以下のとおりです。

1　日本との関係については、9割以上が「友好関係にある」又は「どちらかというと友好関係にある」と回答し、また、同じく9割以上が日本を友邦として「信頼できる」又は「どちらかというと信頼できる」と回答しており、日本との関係に関し肯定的なイメージが広範に定着していることが示されました。さらに、米国、中国等11ヵ国の中で「最も信頼できる国」として日本を選択した割合は33％であり、11ヵ国の中でトップでした。

2　ASEAN諸国にとって現在重要なパートナーはどの国かとの質問（複数回答方式）については、アジアや欧米の主要11ヵ国の中で日本（65％）、中国（48％）、米国（47％）の順で評価されました。また、将来重要なパートナーはどの国かとの質問については、日本（60％）、中国（43％）、米国（40％）の順で評価されました。

3　「積極的平和主義」について、ASEANを含むアジア地域の平和構築に役立つと回答した者が9割を占めました。

4　日本に関するイメージについては、7ヵ国全体で、回答の多い順に「科学技術が発達した国」（81％）、「経済力の高い国」（62％）であり、最先端の科学技術立国、豊かな先進国といったイメージが強いことが示されました。また、同じく2位「自然の美しい国」（62％）、3位「豊かな文化を有する国」（59％）、4位「アニメ、ファッション、料理等新しい文化を発信する国」（44％）との回答に見られるとおり、美しい国土や日本文化（伝統及び現代文化）に対する高い関心も示されました。日本についてもっと知りたい分野としては、「科学・技術」（58％）の他、「日本人の生活・ものの考え方」（56％）、「食文化」（53％）が上位を占めました。

5　アジアの発展に対する日本の積極的役割に対する肯定的な回答は全体で92％を占め、政府の経済・技術協力が役立っているとの肯定的な回答が89％、日本企業の進出に対する好意的な回答は95％でした。また、ASEAN地域で日本に最も貢献してほしい領域は「経済・技術協力」「貿易・民間投資の振興」が上位を占め、日本の国際貢献の特に経済的な側面に関し高い評価と期待が示されました。

6　なお、ASEAN地域においては、外務省の委託により対日世論調査を過去7回（1978年、83年、87年、92年、97年、2002年、2008年）実施しています》

このような調査結果がＡＳＥＡＮ諸国からの回答だったのである。この客観的な冷徹な事実に、何を付けくわえられるのであろうか。いかなる解釈も必要ないのではないか。必要なのは、私たち日本人を排斥し攻撃する、ごく一部の国々となるべく離れ、最小限の交際のみにするという行動だけなのである。

第四章　アメリカに依存しない〈新・脱亜〉のあり方

太平洋二分割を米国に提案する中国

主要国首脳会議をG8と呼ぶのは、Gの後に参加国の数を付すからだ。いわゆるサミットのことだが、冷戦時代の一九七五年に、フランスの提言で西側先進国の結束と連携を強めるために始まり、当初はG7（日本、米国、英国、フランス、ドイツ、イタリア、カナダ）だった。冷戦後にはソ連に代わったロシアが加入を認められ、一九九八年のサミットから正式にG8と呼ばれている。

〈G2〉という言葉は、そこから派生した、いわば概念である。該当の二カ国が米国と日本だった時期もある。想定される世界秩序や構造をわかりやすく説明するために使われる言葉だが、現在、G2といえば、米国と中国を二大変数と考えた秩序を指すことになる。もちろん、G2と呼ばれるサミットが実際に開催されたことはない。ちなみに、二十一世紀は〈G0〉とする考えもある。

米国と中国がG2と呼ばれるようになったのは、平成十九年（二〇〇七）八月、第一次安倍政権が崩壊した直後のことである。中国が北京五輪開催準備を着々と進めていた時期に当たり、二〇〇七年、中国自らの発表ベースに過ぎないが、そのGDPはドイツを抜き、米国、日本に次いで世界第三位となった。二〇〇八年八月八日には北京五輪が開催され、中国の急速な経済成長、および毎年10%を優に超える軍事費の増加をもって、この頃から、こうした概念がほぼ常識的に語られるようになった。

データはほぼ粉飾には違いないが、二〇一〇年に中国はわが国のGDPを抜き、現在世界第二位の経済大国ということになっている。また、毎年増大する軍事費の伸びも10%にとどまらず、実際は多い年で20~30%増になると、多くの軍事専門家は捉えている。

〈支配〉という言葉の意味は多岐にわたって複雑だが、中国のつまるところの目的は端的である。二〇〇八年三月十一日の米議会上院軍事委員会で、米太平洋軍総司令官ティム・キーティング海軍大将が、興味深い証言を行なった。

前年五月に中国のとある海軍高官から「現在、我々は空母開発を進めている。将来、太平洋を分割してハワイから西を我々、東をアメリカが管理して分割管理をしてはどうか。アメリカの手間も省けるはずだ」と、提案されたというのである。

キーティング海軍大将は同じ内容で同年七月十六日に安全保障関係のシンクタンク、ヘリテージ財団で講演を行なっているので、それなりにショッキングな提案だったことは間違いない。ところが、その講演の映像を見ると、聴衆からは失笑が湧《わ》き、キーティング海軍大将自身、ひとつの笑い話のようにも仕立てている。大将の返答は「No Thanks（結構です)」だった。とはいえ、その前年にいち早くこの情報を仕入れた「ワシントンタイムズ」の国防総省担当コラムニスト、ビル・ガーツが寄稿した記事の中には、提案を前向きに受け止める米政府の親中派の反応についても言及されている。

当然、中国にとってはこの提案は笑い話ではない。二〇一三年六月に米国を訪問した習近平国家主席が、カリフォルニアでオバマ米大統領と公式会談を行なった。その冒頭で、まず習近平が「太平洋には米中両大国を受け入れる十分な空間がある」と語ったことは、日本国内のメディアも盛んに報道した。これはつまり、二〇〇七年に中国の軍部がアメリカ海軍司令官に伝えた願望を、ふたたび、今度は国家元首がオバマ大統領に直接伝えたということに他ならない。

二〇一三年のオバマ・習近平会談は、八時間におよぶものとなって話題になった。実際に両者の間でどのような会談がなされたか、その詳細はつまびらかではないが、その後の情報を追いかけていくと、習近平が提案したさまざまな案件について、オバマはことごとくノーと言ったように見える。その中には尖閣上陸の黙認も含まれていたとされ、おそらく尖閣諸島について話し合われたことは間違いないだろう。

実に、ここに日本が抱えている最大の問題、ひいてはアジア全体の安全保障が抱える問題が象徴されているのである。なぜ、わが国固有の領土である尖閣諸島への侵略行為への許可を求めるといった要望を、中国が米国に行なえるのか。まるで、アジアは中国と米国のものだといわんばかりの振る舞いを、両国はなぜするのか。

Ｇ２と呼ばれる世界秩序の所以《ゆえん》のひとつが、ここにも顔を覗《のぞ》かせるのが、その実、Ｇ２秩序をあてにすることのできない所以もここにある。

アメリカがノーと言ったからといって、中国がもちろん願望を緩《ゆる》めるわけではない。前出のキーティング海軍大将が公聴会で示した「太平洋二分割は人民解放軍の戦略構想であり、明らかに自国の影響範囲の拡大を狙っている」という見解は、現在、いよいよ明確にまた具体的に形を表わしてきている。

それは、東シナ海におけるわが国の領土、尖閣諸島への領海侵犯行為の激化、南シナ海におけるフィリピン、ベトナム、インドネシアとの間の領土紛争も、中国の中華帝国主義のあからさまな露呈であり、二〇一三年十一月の中国共産党による東シナ海上空の防空識別圏設定の発表は、実効支配を事実化していくための情報戦略でもある。

当面の安全保障施策として、フィリピンは南沙《なんさ》諸島に対する中国の領有権確保問題について、米国からの軍事的なものを含めた支援を期待し、南沙諸島及び西沙《せいさ》諸島の領有権を巡って中国と対立するベトナムもまた、共産主義国家でありながら、米国との軍事協力を進めている。

それに対して米国は、どのような対応をとっているだろう。二〇一三年十月、ブルネイの首都バンダルスリブガワンで十八カ国首脳の参加のもと、東アジアサミットが開催された。海外各紙は、第二次安倍政権発足後の約一年の安倍首相の大きな存在感について報道し、日本のメディアもおおむね、そのように報じた。

もちろん、安倍首相のリーダーシップのもとに経済的にも強まりつつある日本の国際的なプレゼンスの上昇、および、特に南シナ海問題に対しての首相の発言内容によるところが大きいが、もうひとつの大きな理由があった。それは、オバマ米大統領の欠席であった。派遣されたのはケリー国務長官だった。

当年、オバマはアジア重視の政策を公言していたにもかかわらず、TPP首脳会議やAPEC首脳会議の、ことごとくを欠席した。もちろん、その理由は米議会における予算不成立という不祥事と言ってもよいが、それだからこそ、アジアは米国のプレゼンスというものを、大いに考え直さなければならないのである。

米中両国が抱える深刻な内政問題

二〇一二年の大統領選を勝利して第二期を迎えたオバマ政権と、二〇一三年に国家主席となった習近平の政権には共通点がある。

それは、深刻な内政問題を抱えているということだ。米国と中国の内政問題は即、周辺および関係各国に影響を及ぼす。その影響力が決して小さくないのはまた、G2という世界秩序が確かに存在することの証明でもあろう。

中国は今、バブル経済の崩壊に脅《おび》えきっている。いや、正確に言えば、バブル崩壊の端《たん》緒《ちょ》に脅えているのである。二〇一三年十月、アメリカの経済誌「フォーブス」が中国の不動産バブルの内容について、次のように伝えている。

中国の二〇一〇年報告書によると、人民の持ち家率は90％に達した。アメリカでさえ65％であり、異常な高水準である。たとえば河北省《かほくしょう》のある中規模都市では、持ち家率が200％を超えていて、高所得のサラリーマンであれば四、五軒の保有は当然だという。それらの住宅は、人が住むと価値が下がってしまうという理由から貸し出されていない。そしていちばんの問題は、それらの住宅保有者が、持っている住宅の価値がかなり低くなってしまっていることを知らないということである。五年もたてば価格は四割がた暴落していて、今の不動産価格に不平を言っている人民たちはその幸運に気づくだろうと、「フォーブス」は皮肉めいた口調で記事を結んでいる。

また、同年十二月の「ニューヨークタイムズ」は、二〇一二年の中国地方政府の債務は三・三兆ドル（約三二六兆円）で、二〇一〇年の二倍となったと伝えている。おそらくは、中国の情勢分析について現在右に出るものはいないであろう評論家、宮崎正弘《みやざきまさひろ》氏は、メルマガ「宮崎正弘の国際ニュース・早読み」（二〇一三年十二月二十七日配信号）で、二〇一三年末にはその不良債権は五〇〇兆円に近くなるのではないかと書いている。

一九九〇年代に日本が経験したバブル崩壊における不良債権は約一〇〇兆円である。二〇〇八年のリーマンショックにおけるアメリカの損失額は約二九三兆円だ。宮崎氏が推測している五〇〇兆円という額はべらぼうであり、同時に間違いないものだろう。

先に、脅えきっていると書いたのは、中国共産党は、損失額の規模をほとんど摑《つか》めないからである。正式な銀行の条件をクリアできない不動産業者に対しても融資を行なうきわめて取引実態の不透明な融資、いわゆるシャドーバンキングで流れている資金は二〇・五兆人民元（約三二八兆円）に達している可能性があると、これは中国政府のシンクタンクである社会科学院が二〇一三年十月に明らかにした。推測されているシャドーバンキングを含むすべての融資額とGDPの比率を分析すると、中国のそれは、日本のバブル崩壊時のときの数字を、すでに一・五倍ほど超えてしまっている。普通の自由主義経済体制下であれば、とっくに崩壊を起こしていて不思議はないのである。

政治的腐敗もまた、中国においては破格の感がある。習近平政権は二〇一二年末から反腐敗キャンペーンを展開しているが、それを受けて、各地の高官の失踪・逃亡が相次いでいるのだ。過去五年間に海外逃亡を試みて治安当局に検挙された官僚の数は、すでに六二二〇人に上るという。どれくらいの官僚が逃げ延びたのかは明らかではない。

中国の高官たちは、不正に得た金を海外資産にして溜《た》め込む。いざとなったら海外へ逃亡するその手はずは出来上がっている。腐敗自体はどうでもいいが、我々にとっての問題はここなのだ。

中国の高官たちは、自国のことなど少しも愛してはいない。重要なのは自分が属する王朝であり、王朝から得られる利益のみ。利益が損《そこ》なわれれば、さっさと逃げる。バブルが崩壊しようが、人民の経済格差がどれほど拡がろうが、おそらくどうでもいいのである。

そんな国が巨大な影響力をもって隣《となり》にあるのであり、反腐敗キャンペーンをはった当の習近平においてさえ、海外資産は三億七六〇〇万ドルに上ると見られている。さらには、彼の姉夫婦はすでにカナダ国籍を取得しているのだ。

そして中国は、現王朝が利益を上げうる限り、どんなことでもする。言論の不自由、政治活動の不自由、人権蹂躙《じゅうりん》は中南海の壁（中国政府・中共首脳部を時にこう呼ぶ）を揺さぶり続けるが、二〇一三年十月に起こった天安門における車炎上事件に見られるように、すべてを内政に利用していく。

日本ウイグル協会会長・世界ウイグル会議副総裁のイリハム・マハムティ氏は、全国の警察官向け雑誌「ＢＡＮ番」二〇一三年十二月号のインタビューに答えて、こう述べている。

《ウイグルで何か騒乱などがあると、中国当局はたいてい「テロリストが起こした事件」と発表し、何も武器を持たないウイグル人を殺害しておいて、「ウイグル人が暴動を起こそうとして集まったところを我々は摘発した」と世界に発信します。でも、証拠はひとつもありません。では何をやったのかと、細かいところを聞くと「発表できない」と言うのです。「テロとの戦い」という偽りの大義を掲げているからなんです》

（「ＢＡＮ番」二〇一三年十二月号　教育システム）

ウイグル地域の監視カメラの数は夥《おびただ》しく、「ウルムチ市には六万台以上も設置され、ウルムチの人口の15％しかウイグル人が住んでいない地域に、四万台以上も設置されている」という。さらに地方警察隊は、監視にヘリコプターを使う。

これはどういうことか。テロ警備を名目に中央から予算を取るため、という側面が大きいのである。テロリズムを捏造《ねつぞう》し、取締りと殺戮は実際に行ない、予算を確保して地方高官が海外に溜め込むという下品で悪辣《あくらつ》なモデルが、周辺民族の弾圧の現実的な理由のひとつとして存在する。

南モンゴルへの侵略と弾圧、二〇一三年の一年間だけで二八人の僧侶が抵抗のために焼身自殺をなしたチベットでの人権蹂躙行為を、わが国のマスメディアはまったくと言っていいほど報道しない。それが帝国主義の方便であることは明らかだが、自由と人権と民主主義の布教者であることを自認しているにもかかわらずアメリカは中国のその点に対してまったく弱腰である。中国にアメリカ国債を買い支えてもらっているからだ。

太平洋における米軍プレゼンスの低下

アメリカが実質的に財政破綻《はたん》を起こしているのかどうかについては、さまざまな説がある。アメリカは中国とは違って民主主義、その意味は議会を通らなければ何も始まらないということだが、とにかく民主主義国家であるので、オバマの現・民主党政権は、野党・共和党の、財政難を理由とした法案の反対に翻弄され続けている。破綻の真偽は別にして、財政難という切り札を野党が握っていることが問題なのだ。

国民皆保険（正確には90％以上）を目指す通称・オバマケアは、オバマ大統領の公約である。法案自体は二〇一〇年に設立し、二〇一四年以降の完全実施というところまで運んだ。しかし二〇一三年九月に共和党多数の下院が完全実施一年延期を含む暫定予算案を可決、民主党過半数の上院がこれを否決して予算案は不成立となる。結果同年十月からの予算執行ができなくなった様子は、国立公園のグランドキャニオンの閉鎖などを例として、テレビなどでご覧になった方も多いだろう。オバマ大統領はこの事態の収拾にあたらねばならず、それが東アジアサミットの欠席を招いたことは先に書いた。

破綻の可能性はともかく、アメリカが財政の建て直しを必要としていることは事実であり、それは必然的に軍事費の削減をもたらす。額が減るということではなく増加率の鈍化であって、人件費の増加、また、ここが最も問題だとされるが、退役軍人恩給の大幅増加をもって、相対的に実効軍備の予算が下がっていくということである。

軍事費削減は中東からの米軍撤退は言うまでもなく、アジアおよび太平洋における米軍のプレゼンスに変化を及ぼさざるをえない。オバマ政権のアジア重視政策もどのような変化を見せるかわからない、ということだ。

さて、アメリカの言うアジア重視政策とはいかなるものだろうか。二〇一一年十一月に、当時国務長官だったヒラリー・クリントンが米国外交専門誌「フォーリン・ポリシー」に寄稿した論文が端的にそれを示している。「America's Pacific Century」とタイトルされたその論文は、邦題では一般的に「米国の太平洋の世紀」、通称「Pivot to Asia」あるいは「Pivot toward Asia」と呼ばれる。

ピボット（Pivot）は、回転する際の軸を意味する。簡単に言えば、これからのアメリカの国益はアジアにあるとして、従来のヨーロッパから向きを変える、という意味である。ヒラリー・クリントンは論文の冒頭で「次の一〇年間、アメリカにとってアジア・太平洋地域に対して外交・経済・戦略などに関わる投資を確実に増やしていくことが、最も重要な課題となる」と言っている。論旨はアジアの成長をとりこんでアメリカはこれからも拡大を続け世界をリードする、ということの表明で、あらゆる意味での「本国帰還」志向を、中で盛んに牽制している。つまるところ、アジアからの搾取以外にアメリカの一極支配構造を保つ術《すべ》はない、ということだろう。

ヒラリー・クリントンは、具体的に五つの方針を掲げている。すなわち、①アメリカと各国間の安全保障同盟の強化、②中国を含む新興大国（インド、インドネシア等）との関係の深化、③アジア・太平洋の国際機関への関与、④米軍のプレゼンスの強化、⑤民主主義と人権の推進、の五つだ。

米軍が実際に駐留する日本と韓国の同盟について述べ、日本との同盟が要《かなめ》であるとし、日本に五〇億ドル以上の追加資金を覚悟しろ、と言っている。拡大すべきはオーストラリアとの同盟関係であり、フィリピン、タイとは同盟関係を一新して強化するとしている。

中国との関係については、他と比較してかなりの分量をとり、人権問題にも言及している。南シナ海の領有権問題に触れ、ＴＰＰに触れ、包括的な論文となっており、アジアへの転換は簡単ではないが、とにかく現在の最重要課題としてやり遂げることを約束する、と結んでいる。

アメリカ国務省はヒラリー・クリントンの方針通り、戦略的な動きを見せてきていることは間違いないが、しかし、この三年間、Pivot to Asia（アジアへの転換）という通称にはほど遠く、何も行なってこなかったに等しい。確かに、二〇一二年四月に米国海兵隊がオーストラリア北部のダーウィンに駐留を開始したし、二〇一三年八月にはフィリピン国軍基地を拠点とした空軍・海軍の長期展開を検討していることを明らかにしてもいる。しかしながら、実質的な兵力増強については、アジア・太平洋地域に対してはなされていないといっても過言ではなく、Pivot to Asia は空手形になりつつあるといっていい。

誤解を恐れずに言えば、そんな状態にあった Pivot to Asia 政策を救ったのが、尖閣諸島を巡る日本と中国との軍事的緊張であり、南シナ海への中国のあからさまな侵攻である。

第一列島線、第二列島線という中国の軍事戦略用語がある。ともに対アメリカを想定した中国の軍事戦略上の目標ラインだ。第一列島線は、九州を起点として、沖縄、台湾、フィリピン、ボルネオ島をつなぐラインであり、米国の空母、原子力潜水艦の侵入は、このラインを限界として阻止すべしという目標である。

第二列島線は、伊豆諸島を起点に、小笠原《おがさわら》諸島、グアム・サイパン、パプアニューギニアをつなぐ。こちらはまだ野望の段階だが、二〇二〇年までにはこのラインを米軍侵入の限界とするだけの外洋海軍を自国に建設する、としている。

第一列島線はすでに現実化している。このラインを越えたところで人民解放軍は頻繁に訓練を行なってきており、海軍を保有する中国ということを盛んに強調している。二〇一一年秋には、現在保有するすべての艦船を集合させるという事態ともなった。当然わが国の海上自衛隊は監視を強化したが、中国はその動きにヒステリックに反応し、妨害に他ならない旨の公式発言を繰り返した。中国は海上権益の拡張に必死なのである。

一方、南シナ海において、中国はベトナム、フィリピンの両国と小規模な衝突を繰り返している。南沙諸島、西沙諸島という両国の領土に力ずくで侵攻しようとしており、実際に諸島の一部は中国に実効支配されてもいる。さらに二〇一三年の東シナ海における防空識別圏設定の発表は、必然的に南シナ海での設定にもつながるのであり、中華帝国主義の領土拡張欲を明確に示したものとして全世界に注視された。

すなわち、そういった現実があって初めて、アメリカのヘーゲル国防長官やケリー国務長官が中国を牽制する発言をしているに過ぎないのである。Pivot to Asia に方針のひとつとして掲げられた「米軍のプレゼンスの強化」、具体的には大規模な演習や増員部隊の派遣などは、まったく行なわれていない。

東シナ海における防空識別圏設定発表の際には、ただちにB52爆撃機を飛行させたように、否《いや》が応でもプレゼンスを示さなければならない現実がそこにあり、つまりはPivot to Asiaをなんとか空手形にならないように防いでいるのが日本の尖閣諸島国有化であるという状況は皮肉である。

中国に取り込まれつつある米国の金融資本

中国とアメリカのG2体制が囁《ささや》かれ始めた頃から言われていることではあるが、G2がほぼイメージに近い概念であったり、時にはジョークとして使われたりする段階ではもはやなくなっている。中国のシャドーバンキングの不気味さについては先に触れたが、現在、アメリカの金融資本は中国の暗黒金融にとりこまれている状況であり、Pivot to Asia論文で見られるように、アメリカの関心はもっぱら中国にあり、保有されている国債にあるのだ。

二〇一三年十二月にイギリスのキャメロン首相が北京を訪問した際の李克強《りこくきょう》首相との会談は、G2のありようを象徴してもいた。キャメロン首相は、かつてチベット人に対する中国の人権蹂躙を批判していたイギリスとはまったく違う、投資を媚《こ》びるただの商売人としての顔しか見せることはなかった。そもそもイギリスにおいて前首相のブレアは現在、対中国の金融ビジネスに積極的であり、新旧首相のその姿は、キッシンジャー、ブレジンスキーといったアメリカ外交の大立者《おおだてもの》が米国企業の中国利権に大きく関わっていたことのミニチュア版でしかないだろう。

中国中央テレビの報道によれば、キャメロン首相は「中国の領土主権を尊重する」「チベットは中国の一部であり独立を支持しない」と述べたという。同年十二月、チベットで少なくとも二人が、イギリス首相の北京訪問に対して焼身による抵抗運動を敢行した。

イギリスの金融資本がそのような状況であるのと同じように、アメリカにもやっかいな影が忍び寄っている。確かに中国に対しては、サイバー攻撃の脅威や周辺民族への人権侵害、あるいは日本への挑発、南シナ海侵略の意図などから、敵視する声はアメリカにも少なくない。ところが、アメリカの国債を買い支えているのは中国であり、アメリカ経済は、中国で物を造らせ、アメリカに迂回《うかい》させることで成り立っているのである。経済的に切っても切れない関係にあることは事実なのだ。

一方、中国のありようを警戒して撤退するアメリカ企業が増えてきていることも確かである。しかしその大本において、アメリカの経済を中国が支えている構造に変化はない。

縮小傾向にある限られた軍事予算を理由に、アメリカでは、現在、アジア・太平洋地域でとっている一一隻の空母体制の削減計画が囁かれ、一説には八隻までの削減が余儀なくされるという話もある。その真偽は定かではないが、太平洋での米軍のプレゼンスが低下することには必然性があり、つまり、その隙間に入り込もうとする意思が、人民解放軍高官の「太平洋をハワイで二分割」という言葉であり、習近平がオバマに告げた「太平洋にはスペースがある」という言葉につながっているのだ。

そうさせてはいけないと思いつつも、急所をおさえられていてどうにもならない状態に落ち込んでいるのがアメリカの現状である。しかしここで、アメリカの状況を客観的に述べ、困ったものだと言ったところで意味はない。

「アーミテージ・レポート」に、どう反論するか

問題はわが国はどうするかということだ。そこにあるのは、日本が二十一世紀の脱亜論を実現化しようとするときには、日米安保条約というひとつの条約だけで、アメリカに自らの身の安全を託すなどということは到底できないという冷厳な事実なのである。

まずは衰退していくアメリカの軍事力を、客観的に評価しなければならない。その意味

は、日本が脱・特定アジアを遂行して開かれたアジアへ、海洋国家としての本来の姿をとりもどして南洋へ向かい、アジアとの本当の連携を果たしていくためには、アメリカなしという状況も、十分に考えなければならないということである。そこでみえてくるのは反米でも親米でもない、リアリズムをもってアメリカを客観視する、脱米論への道だ。脱米論といっても、米国との経済関係を極端に減らすとか、交流を絶つとかといった単純な事態を意味しないことはもちろんである。

いい加減に安全保障上、日本が自立する道を探していかなければならない。北京の奥の院の目論見《もくろみ》どおり、太平洋がハワイ諸島で分割されたときには、日本が「中華人民共和国倭人《わじん》自治区」となる可能性があることを想定しなければならない。二〇四〇年以降には、中国の軍事力はアメリカを超えるという試算さえある。倭人自治区となった場合、日本人は中華帝国主義の下に中国の兵卒として動くことになる。九条カルトの方々にあらためて問いたいのは、そういった想定は、あなたたちの頭にはないのか、ないとすればその根拠は何なのかということだ。

二〇〇〇年から始まったリチャード・アーミテージ国務副長官の対日外交レポート、いわゆる「アーミテージ・レポート」は、日米同盟の基軸となる基本的なコンセプトを展開し、日米間の外交指針を示すことを意図して発表される。二〇一二年に発表されたハーバード大教授ジョセフ・ナイとの共同執筆のレポートでは、初めて韓国が登場した。

レポートには日本が韓国との関係を良好にしなければならないということが、しつこく書かれている。歴史問題に直面することを避けろと注文している。これは、冷戦構造のままでしか日本を捉えられない、および、そうでなければ国益が成り立たないアメリカの限界のように思える。


《日本は今後「一流国」であり続けたいのか、「二流国」に成り下がるのか。二流国でいいのなら、このレポートを読む必要はない》

日本が脱亜に向かうとき、我々は必然的に右記のような内容のイントロダクションで始まるこのレポートと、衝突せざるをえない。アメリカにとって必要なのは、日米韓の強固な関係の構築であり、政治的に安定しつつあり、経済的にも発展していく存在である中国の再興にあって、日韓の対立構造は良いことではない、という論調である。

少々引いて眺めてみると、このレポートが公表されたのは八月十五日。その五日前に韓国の元大統領・李明博が竹島に上陸しているのである。レポートは仕上がっていたことだろうし、李明博の行動は、アーミテージらにとっては悪夢だったに違いない。それでも、日韓双方は政治的現実主義から、再検証すべしとレポートでは述べられていたのである。

レポートは、エネルギー同盟、経済と貿易、近隣諸国との関係を大筋としている。その詳細を掲げるスペースはないが、二十一世紀の脱亜論を展開する日本にとって重要なのは、言ってしまえばこのレポートへの反論をどのように書くかということである。

また、このレポート自体、アメリカの対日要求のひとつに過ぎないという側面を忘れてはいけない。慰安婦問題に対する「対日非難決議」に始まるような、韓国ロビー活動にまんまと乗せられたアメリカ政界の動きは、あきらかに日米離間をもくろんだ策動に嵌《は》まった結果なのであって、韓国がはたしてレポートに書かれている内容にふさわしい国家状況にあるのかどうかを、アメリカは再検証する必要があると思う。

皮肉なことだが、韓国・朴槿恵《パククネ》大統領の一年以上の「珍」外交により、アメリカもいよいよ韓国に対して、新たな視点を持つことができたのではないかと思う。それは機会の到来ということであり、日本はここに潔《いさぎよ》く脱亜論の基本コンセプトをアメリカに提示すべきだ。それは、初めて対等な戦略論を戦わせることになるのと同時に、同盟というものを日本の立場でグレードアップすることを意味する。

かつて、日本は太平洋におけるイギリスの地位であるべきだという基本構想が、日米の一部の識者、軍事関係者においては共有されていたのである。大西洋におけるイギリスの地位を日本が太平洋において占めるということは、日米同盟の劇的進化であり、日米同盟の新しい黄金時代が見えてくる転換点でもある。

そこにくさびをいれてきているのが、歴史問題を利用した韓国の謂《いわ》れなき非難であり、後押ししている北朝鮮の工作であり、中共の国際謀略である。世紀の偽書である捏造本『ザ・レイプ・オブ・南京』が、中国系アメリカ人作家アイリス・チャンによって書かれたのはどこだったか。ロスアンゼルスである。

『ザ・レイプ・オブ・南京』は「世界抗日戦争史實維護聯合會」という中共の影響下にある反日団体の組織力をもってベストセラーとなり、ニューヨークタイムズで絶賛され、ペンギンブックスにまで収められた。日本を根拠なく貶《おとし》める世紀の偽書を、普及版のペーパーバックにまでさせてしまったのはいったい誰なのか。

この事実の有様をもういちど振り返って検証したとき、つまり、冷戦後の時代の有様を再検証したとき、はっきりとそれが見えてくるのではないだろうか。日本が〈失われた二十年〉をなす術もなく過ごしてしまったのは、新秩序の枠組み、新たな構造に気づくこともなく、冷戦時代のままでいようとした我々の怠惰さが原因である。冷戦の後は本当にG2なのか。我々日本人は足もとを真剣に考えなければいけない。

日本は第七艦隊をレンタルせよ

二〇〇八年の秋、航空幕僚長・空将だった田母神俊雄《たもがみとしお》氏が大東亜戦争開戦にまつわる論文を発表したことによって事実上解任されるという事態となった。異常という他はない。法律違反をしたわけでもない日本空軍最高指揮官の元帥《げんすい》が、論文を書いただけで解任を余儀なくされたのである。

この事件はまた、保守政権である自民党政権下で起きているだけに、異常さを増しているのである。当時の総理大臣は麻生太郎《あそうたろう》氏であり、自民党内部にはいろいろな政治家がいるにせよ、決して自民党内の反日左翼政権ではなかった。

麻生政権はむしろ対米関係を重視していた。ということは対米関係重視であったからこそ、田母神俊雄氏の解任は余儀なくされたのである。

「日本は侵略国家であったのか」というタイトルの田母神論文には、大東亜戦争の開戦はルーズベルトが主導したという説もあると書かれていただけである。しかしそれは両政府にとって、きわめて悪質で排除すべき案件であると判断されたから、田母神氏は事実上解任されたのだ。

どういうことなのだろう。田母神氏は在任中、かねがね日本の独立のあり方を危惧《きぐ》していた軍人である。たとえばFX（次期主力戦闘機導入計画）選定についてもユーロファイターを積極的に検討して、アメリカ一辺倒ではない防衛力整備のありかたを模索していた。現在の航空自衛隊が保有する戦闘機のことごとくはアメリカで生産されており、重要な部品・装置がすべてブラックボックス化されているため、日本では修理することさえできない。これは、米軍の意思およびオペレーションによって、たちどころに飛べなくなるということを意味する。

このような状況下にある組織を、日本の軍隊であるとはたして言えるだろうか。言えるはずがない。実にここに大きな鍵がかくされているのだ。

自民党の憲法改正案においては、国防軍の創設が謳《うた》われている。日本固有の軍隊である。そしてその創設を阻止するのは中国でも韓国でも北朝鮮でもなく、同盟国のアメリカなのである。この現実を正面から捉える必要がある。

一見袋小路のこの状況を転換させる面白い手段がある。これは決して冗談ではない。米国が財政難で第七艦隊の維持もままならないという状況に陥っているのであれば、日本が第七艦隊をレンタルすればいいのである。日本の海上自衛隊の指揮下に第七艦隊を置く。必然的に核武装が完了する。

あながち不可能なことではなく、アメリカの国債を売るかわりに第七艦隊をレンタルする、アメリカの財政を支援するためにレンタル料を日本が拠出するという名目でどうだろうか。艦船にいきなり旭日旗を掲げるのも、米軍はきっと混乱するであろうから、星条旗のままでいいのである。実際、日米安保のために日本が拠出しているいわゆる「思いやり予算」という巨額な経費は、この種のレンタル料であると解釈するのが自然かもしれない。

現在、第七艦隊が使用している横須賀基地（横須賀海軍施設）は、大日本帝国海軍の鎮《ちん》守府《じゅふ》があった場所である。戦艦ミズーリは昭和二十年（一九四五）九月二日、東京湾内に停泊したが、その場所はその九二年前に日本を威嚇して開国をせまったペリー提督の旗艦ポーハタン号が錨《いかり》を下ろした場所と同じである。降伏文書の調印式のためにマッカーサーはわざわざアナポリス海軍兵学校からペリーの軍旗を取り寄せ、ミズーリに飾った。ペリー以来の日本征服の夢が、九二年ぶりに叶った瞬間だった。

そういった歴史的経緯を踏まえれば、なおかつ、両国が死力を尽くして多くの戦死者を出した日米戦争終結七〇年になる今だからこそ、日米両国の和解の象徴として、今度は日本が第七艦隊を支配下においても不思議ではないだろう。財政難を理由とする米軍再編においても、一味違った変化を及ぼすはずである。なおかつ、必然的に米国の核兵器も日本がシェアすることになり、日本の自立も前進するのである。

絵空事であろうとも、なかろうとも、そのような思考回路を持つことで、まず、日本と米国の関係を客観視する視点を持つことが重要である。対米交渉において武器となるのは、この客観的な視点である。日本と米国の関係を維持しつつ、開かれたアジアとの共生と、日本の自立を同時に進めるひとつの具体的な方法として、提案しておきたい。

「脱亜論」のテーゼのそもそもは、福澤諭吉の「独立自尊」である。「独立自尊」の初出は、明治三十三年（一九〇〇）二月二十四日に、慶應義塾の演説館で行なわれた第四〇四回三田演説会において発表された二九カ条の「修身要領」である。その第二条にこうある。

《心身の独立を全うし自から其身を尊重して人たるの品位を辱めざるもの、之を独立自尊の人と云う》

自虐史観のありようは、この対極にあるのである。

崩壊する戦後秩序と日本の復活　――あとがきに代えて

本書のテーマから言えば、現実に生起するさまざまな表層の出来事とは少々距離を置くものが、本来書かれるべきであった。それは、目まぐるしく変化する安全保障や外交問題というアクチュアルな〈政治〉や〈時事〉とは次元の異《こと》なる、日本とアジアと世界の関係を、歴史的、文化的、文明的な位相から本質的に捉え直す作業が必要とされているからである。

ところが、執筆を進めるうちに〈現実〉の流れが想像以上に早く、逆に現象面から〈現実〉を掘り起こして、その断面からテーマを眺めるという作業を強いられた。それだけ、現在が何十年に一度かの、いや何百年単位かで現われる〈激動の時代〉であることを証明していると言えよう。本書の脱稿後も、日本と世界の関係に特筆すべき、時代の分水嶺、歴史的な転換点を象徴する大きな出来事が続いている。

平成二十七年（二〇一五）三月五日朝に、ソウル市内で韓国駐在のマーク・リッパート米国大使が、朝食会の会場で韓国人テロリストに刃物で襲われ、顔などを傷つけられ重傷を負うという事件が起きた。市民団体代表を自称する金基宗《キムギジョン》容疑者は「米帝（米国帝国主義）訓練反対」という言葉や「オバマはなぜ変節したのか」などと叫びながら、リッパート大使に切りつけたという。

同盟国の全権大使がテロリストに襲われるという衝撃的な事件は、二重の意味で大きな意味を持つ。まず、韓国という国家が、はたしてどのような体制下で統治されているのかという根本的な疑問を世界中に投げかけた。事件の経緯が明らかになるにつれて、その疑問は、韓国がいつも日本に向けている異様な形相《ぎょうそう》どおりの国であるという、私たちがいつも考えている帰結に還っていく。政府の外郭団体が主催する朝食会に、金基宗というテロリストが招待客として居合わせていたという奇妙さ。そして、この犯人が五年前の二〇一〇年に、在韓日本大使にコンクリートの塊を投げつけるテロを行なっていたこと。この二つの事実だけでも、韓国が停戦中とはいえ、北朝鮮と軍事境界線を挟んで対峙しているとはとても思えないセキュリティの甘さに驚く。

しかも、五年前の事件でも、幸い大事には至らなかったものの、日本大使の殺傷が可能だった事例であり、そのような犯歴の者に、五年後に米国大使と間近に接する機会を与えたという韓国の統治能力への疑問がわく。日本大使襲撃事件では、懲役二年という軽微な刑しか受けていないのである。

今回の事件も、リッパート大使は右頬に深さ三センチ、長さ一二センチの傷を負い、幸いにして頸動脈を逃れたものの、暗殺未遂と言える犯行だった。リッパート大使は海軍特殊部隊シールズの出身、元軍人で四十二歳という若さでかろうじて難を逃れた。犯行の動機などについてまだ情報は入っていないが、北朝鮮への渡航歴が八回もあり、犯行時の叫び声などから判断すると、反米思想の持ち主であることがわかり、独島《ドクト》守護委員会という団体の代表を務めていることや五年前の犯行も考えれば、反米かつ反日運動家であることが推察できる。

韓国事情に詳しいフリーの韓国人ライター、崔碩栄《チェスヨン》氏は、その著書『反日モンスター』で、金基宗の当時の犯行を韓国社会がどう迎え入れていたのか、驚愕すべき事実に触れている。

金基宗の犯行は《外国公館に対するテロだと認識されても不思議ではない事件だ。それにもかかわらず、一部のマスコミは、それを非難するどころか、そんな行動を誘発した日本が悪い、という《》スタンスで報道した。そして、そのマスコミの雰囲気をそのまま反映したかのように、犯人は執行猶予で釈放され、彼を「義人」とまつりあげた市民たちは、釈放記念祝賀会まで開いたのだ》（傍点原著者）。

この韓国社会が、私たちが向き合ってきた現実なのである。そこには法治国家という統治原理はもちろん、メディアに求められる倫理や客観性など何一つなく、近代的な概念である成熟した市民社会のカケラも見られない。第二章で引用した敬愛する古田博司筑波大学大学院教授の言う「国家理性」など、韓国には望むべくもないのである。

そして、さらに衝撃なのは、日本大使テロ事件の報道に見られる韓国メディアの劣悪さが、今回、なんと、日本メディアにそのままに乗り移っていたのである。たとえば、在外公館へのテロ事件はそのまま戦争に直結するという国際常識もなく、偶発的な傷害事件のひとつとしてしか報道できないという「報道理性」の著しい欠如が見られた。しかも意図的だ。

普段は韓国の話題となると、何の変哲もない出来事を大袈裟に速報するようなメディアが、三月五日の事件は早朝の出来事であったにもかかわらず、昼前のニュースまで取り上げなかった。まるで韓国の悪いイメージをなるべく報道したくないという意識が働いているかのようで、日本のメディアというより、韓国のメディアと言っても差し支えないような状況だった。

ＮＨＫやテレビ朝日が、朝のトップニュースで伝えなかったことが、そもそも異常なのである。すでに日本時間午前八時には、世界中のメディアがトップで伝えていたにもかかわらず。

この三、四年、私はことあるごとに雑誌やテレビ、ラジオなどで米国に警告してきた。すなわち、日韓問題やアジア情勢を語るときは、韓国の本質をまず理解することが先決であるということだ。やっと、今回の事件で、米国も誤ったアジアへの認識や知識不足に気づくのかもしれないが、もう遅すぎるのである。

伏線はリッパート大使が襲撃される約一週間前の、二十七日にあった。シャーマン米国務次官がカーネギー国際平和財団で講演を行なったのだが、日本、中国、韓国の北東アジア三カ国と米国との国際協調について彼女が語った内容に、なぜか韓国メディアが激しく反発し、抗議するかのような報道を一斉に行なったのである。

シャーマン国務次官の講演内容はきわめて抑制的で、客観的な現状認識を提示しただけだった。つまり、日中韓がそれぞれ抱える問題には、三カ国それぞれが冷静に対応してほしいという内容で、尖閣諸島についても、また慰安婦についても言及し、歴史問題はそれぞれに責任があるという趣旨の講演を行なったのである。

この内容に韓国側が激怒したのは、基本的に被植民地意識を売り物にする、何事も客観視できない肥大した被害者意識に裏打ちされた〈甘えの構造〉があるからだ。韓国メディアは、米国が日本に寝返った、と勝手に解釈する記事を、いつもの調子で報道したのである。

しかし、米大使襲撃の伏線を歴史に辿《たど》れば、それは一〇七年前に遡《さかのぼ》る。福澤諭吉が「脱亜論」を書いた二三年後の出来事だった。

日本政府の推薦で大韓帝国の外交顧問に就任した米国人外交官、ダラム・ホワイト・スチーブンスという人物がいた。大韓帝国は、日清戦争の日本勝利で清の属国から解き放たれ、独立した朝鮮の国号であった。スチーブンスは外交顧問として、日本との条約を大韓帝国に有利にするために、誠意をもって外交顧問の職務を果たしていた。ところが、米国へ帰国後、サンフランシスコの新聞のインタビューに答えた中で述べた「日本の存在が大韓帝国の一般人民の利益になっている」という一言が在米韓国人の激しい反発を呼び、そのインタビューの撤回を迫られたのである。それを拒否したことが理由になって、二人の韓国人に暗殺されてしまうという結果を招いた。

実は、リッパート大使はオバマ大統領の側近中の側近と言われ、対中融和、親韓反日的な外交政策に沿うような仕事ぶりをしていたのである。

不思議なことに、駐韓米国大使就任記者会見では、会場はなぜか韓国人の美人記者が勢揃いし、少しでも日本を非難するコメントを引き出そうと韓国は躍起になるのである。他国の大使就任記者会見は知らないが、少なくとも米国大使の就任会見には、韓国美女が会見室に勢揃いする。リッパート大使襲撃事件は、まるで一〇七年前のスチーブンス暗殺事件のデジャブではないだろうか。

現在の北東アジアの情勢はシャーマン国務次官がどこまで理解しているかわからないが、ちょうど一二〇年前に日本が日清戦争に勝利して、華夷《かい》秩序を破壊して朝鮮を独立させた、その前の時代、つまり日清戦争前の北東アジアに戻ろうとしているのは、本書でここまで述べて来たとおりである。だからこそ、今こそ〈21世紀の脱亜論〉が新しい、現代的な、それこそ二十一世紀にふさわしいコンセプトをもって、私たち日本人に未来への指針を指し示してくれるのである。

米国もやっと今回のテロ事件で、韓国というアポリアの存在を理解できたのかもしれない。異常な排外主義と彼らの左右民族主義の根っ子は同じもので、今回のヘイトクライム(民族憎悪犯罪)は、実は韓国の特産品でもあり、日本への歴史問題に託した、恒常的な攻撃も、これと同質なものなのである。

平成二十七年二月二十六日、有名なメルマガ「台湾の声」が、台湾独立建国聯盟日本本部委員長の王明理《おうめいり》氏のメッセージを伝えた。

《私は、台湾は台湾、中国は中国、両者は2つ異なる国であることを良く理解している!

このタイトルは私が言ったのではなく、アメリカ人、大リーグの監督が言ったのである。一昨年3月のオリオールズのバック・ショーウォルター監督の注目すべき発言が、最近、再び在米台湾人の間で話題になっている。

彼は言った。「台湾は台湾で中国ではない。これからはチャイニーズタイペイと言わずに台湾と呼ぼう!」と。

それに引き比べ、日本のマスコミの見識の無さには愕然とする。連日、春節の中国人観光客の爆買いを取り上げているが、台湾人を中国人観光客として取り扱っている。台湾人と中国人の区別がつかないのか、わざとやっているのか？

日本人が、世界中の誰よりも、一番よくわかっているはずのことなのに！

戦争中、日本兵として一緒に命を賭《と》して戦ったのが台湾人、敵だったのが中国人ですよ！

苦楽を共にした台湾人のことを、全て忘れ去ろうというつもりでしょうか？

例えば、話題の映画「ＫＡＮＯ」が伝えるように、日本がもたらした野球文化は、今も台湾に深く根付いている。スポーツはフェアプレーの世界。運動競技以上の貴い価値観を青少年はもちろんのこと、社会に育んできたはずだ。

日本が残してきた数えきれない文化遺産が、台湾には温存されている。それをよく知って文化を共有し育てていくことが、日本をも豊かにするはずだと思う。そんな貴重な台湾という存在をないがしろにして、金と権力こそが全てと考える中国人と同列に扱い、札束を数える様子を追いかける日本のマスコミには、本当にがっかりします》

普段は物静かな王明理女史なのだが、珍しく憤《いきどお》っている。だが、私たち日本人が、北東アジアから精神的に離脱しながら、明るい開けたアジアに向かうべきだという、本書で繰り返し述べたテーマの切実な必然性が、彼女のメッセージから読み取れるようである。

外務省がウェブサイトで国別に公開している「基礎データ」の韓国のページに、異変が起き話題になった。面積や人口といった一般的な事柄に加えて、南北関係や経済情勢など多岐にわたって解説されているが、「二国間関係」の「政治関係」の項目で、これまでは《韓国は、我が国と、自由と民主主義、市場経済等の基本的価値を共有する重要な隣国であり、近年、両国の関係は、一層の深みと広がりを見せている》と記載されていたものが、三月二日に、こう更新された。

《韓国は、我が国にとって最も重要な隣国であり、近年、両国の関係は、一層の深みと広がりを見せている》

つまり、外務省の公式文書から《(日本と)自由と民主主義、市場経済等の基本的価値を共有する》という記述が削除されたのである。これはある意味、日本の韓国への最後通告と考えてよい。この表記の変化にともなう韓国政府や韓国人の反発よりも、過去一〇年間の韓国の対日姿勢が、はるかに日本人を怒らせているのである。

しかし、問題がそのような感情論の次元の話でないことは明らかである。

今年の三月一日、いわゆる「三一記念日」に、朴槿恵大統領はスピーチでこう述べた。

「(韓日は)自由民主主義と市場経済の価値を共有する重要な隣国だ」

この言葉を、珍しく日本から否定しに掛かっているのである。

二月二十四日には、米国の外交専門誌「フォーリン・ポリシー」に「Asia's New Triple Alliance」(アジアの新しい三角同盟)というダニエル・トワイニング氏の記事が掲載された。

写真には、インドのモディ首相とオバマ大統領が腰かけて握手をしているシーンが大きく掲載されたが、主役はオバマ大統領でなく、身を乗り出してアグレッシブに前を向く姿勢をイメージするモディ首相である。一方、オバマ大統領の表情には生気がなく、世界的な二人の指導者として好対照である。それはまた、今後の世界の動きを暗示している。

この記事の白眉は、アジアでもNATOが成立するであろう。その中軸を担うのは、日本とインドと米国であると、明快に主張していることだ。「新しい三角同盟」とは、日米印の三カ国なのである。第二章で紹介した、安倍首相が就任直後の平成二十四年（二〇一二）十二月二十七日に発表した英語論文「アジアの民主安全保障ダイヤモンド」を思い出してほしい。着々と世界は動いているのである。

そして、現在、中国と南北朝鮮は、疑いなく日清戦争以前へ回帰している。その事情を少しでもご理解いただき、今後の日本の進路に確信を持っていただければ、私にとってそれ以上の喜びはない。

本書は本来なら昨年刊行されているはずであった。講座のテキストに指定しておきながら刊行が間に合わず、ご迷惑をかけた関東学院大生涯学習センターの受講生やスタッフの皆様にお詫びとお礼を申し上げる。最後に、本書執筆の初期段階でアシスタントとして尽力された尾崎克之氏にも、感謝の言葉を申し上げたい。

〈参考資料〉「脱亜論」原文

（「時事新報」明治十八年三月十六日付）

世界交通の道、便にして、西洋文明の風、東に漸《ぜん》し、到る処《ところ》、草も木もこの風に靡《なび》かざるはなし。蓋《けだ》し西洋の人物、古今に大《おおい》に異なるに非《あら》ずと雖《いえ》ども、其《その》挙動の古《いにしえ》に遅鈍《ちどん》にして今に活発なるは、唯《ただ》交通の利器を利用して勢《いきおい》に乗ずるが故《ゆえ》のみ。故に方今《ほうこん》東洋に国するものの為《ため》に謀《はか》るに、この文明東漸《とうぜん》の勢に激して之を防ぎ了《おわ》るべきの覚悟あれば則《すなわ》ち可なりと雖ども、苟《いやしく》も世界中の現状を視察して事実に不可なるを知らん者は、世に推し移りて共に文明の海に浮沈し、共に文明の波を揚げて、共に文明の苦楽を与《とも》にするの外《ほか》あるべからざるなり。文明は猶《なお》麻疹《はしか》の流行の如し。目下東京の麻疹は西国長崎の地方より東漸して、春暖と共に次第に蔓延《まんえん》する者の如し。此時に当り此《この》流行病の害を悪《にくみ》て之を防がんとするも、果して其手段あるべきや。我輩断じて其術なきを証す。有害一偏の流行病にても尚且《なおかつ》其勢いには激すべからず。況《いわん》や利害相伴うて常に利益多き文明に於《おい》てをや。啻《ただ》に之を防がざるのみならず、力《つと》めてその蔓延《まんえん》を助け、国民をして早く其気風に浴せしむるは智者のことなるべし。西洋近時の文明が我《わが》日本に入りたるは嘉永《かえい》の開国を発端として、国民漸《ようや》く其採《と》るべきを知り、漸次《ぜんじ》に活発の気風を催うしたれども、進歩の道に横《よこた》わるに古風老大の政府なるものありて、之を如何《いかん》ともすべからず。政府を保存せんか、文明は決して入るべからず。如何《いかん》となれば近時の文明は日本の旧套《きゅうとう》と両立すべからずして、旧套を脱すれば同時に政府も亦《また》廃滅すべければなり。然《しから》ば則ち文明を防《ふせぎ》て其進入を止めんか、日本国は独立すべからず。如何《いかん》となれば世界文明の喧嘩繁劇《はんげき》は東洋孤島の独睡《どくすい》を許さざればなり。是《ここ》に於てか我日本の士人は国を重しとし政府を軽しとするの大儀に基き、又幸《さいわい》に帝室の神聖尊厳に依頼して、断じて旧政府を倒して新政府を立て、国中朝野《ちょうや》の別なく一切万事、西洋近時の文明を採り、独《ひと》り日本の旧套を脱したるのみならず、亜細亜《アジア》全洲の中に在《あり》て新《あらた》に一機軸を出し、主義とする所は唯《ただ》脱亜の二字に在るのみ。

我日本の国土は亜細亜の東辺に在りと雖《いえ》ども、其国民の精神は既に亜細亜の固陋《ころう》を脱して西洋の文明に移りたり。然《しか》るに爰《ここ》に不幸なるは近隣に国あり、一を支那と云い、一を朝鮮と云う。この二国の人民も古来、亜細亜流の政教風俗に養わるること、我日本国民に異ならずと雖ども、其人種の由来を殊《こと》にするか、但《ただ》しは同様の政教風俗中に居ながらも遺伝教育の旨《むね》に同じからざる所のものあるか、日支韓三国相対し、支と韓と相似るの状は支韓の日《にち》に於けるよりも近くして、此《この》二国の者共は一身に就《つ》き又一国に関して改進の道を知らず、交通至便の世の中に文明の事物を聞見《ぶんけん》せざるに非ざれども、耳目の聞見は以《もっ》て心を動かすに足らずして、その古風旧慣に恋々《れんれん》するの情は百千年の古《いにしえ》に異ならず、此文明日新の活劇場に教育の事を論ずれば儒教主義と云い、学校の教旨は仁義礼智《じんぎれいち》と称し、一より十に至るまで外見の虚飾のみを事として、其実際に於ては真理原則の知見なきのみか、道徳さえ地を払うて残刻不廉恥《ふれんち》を極め、尚傲然《ごうぜん》として自省の念なき者の如《ごと》し。我輩を以て此二国を視れば、今の文明東漸の風潮に際し、迚《とて》もその独立を維持するの道あるべからず。

幸《さいわい》にしてその国中に志士の出現して、先《ま》ず国事開進の手始めとして、大《おおい》にその政府を改革すること我《わが》維新の如き大挙を企《くわだ》て、先ず政治を改めて共に人心を一新するが如き活動あらば格別なれども、若《も》しも然《しか》らざるに於《おい》ては、今より数年を出でずして亡国と為《な》り、其国土は世界文明諸国の分割に帰すべきこと一点の疑《うたがい》あることなし。如何《いかん》となれば麻疹《はしか》に等しき文明開化の流行に遭いながら、支韓両国は其伝染の天然に背《そむ》き、無理に之を避けんとして一室内に閉居し、空気の流通を絶《たち》て窒息するものなればなり。輔車唇歯《ほしゃしんし》とは隣国相助くるの喩《たとえ》なれども、今の支那、朝鮮は我日本国のために一毫《いちごう》の援助と為らざるのみならず、西洋文明人の眼を以てすれば、三国の地利《ちり》相接するが為に、時に或《あるい》は之を同一視し、支韓を評するの価を以て我日本に命ずるの意味なきに非ず。例えば支那、朝鮮の政府が古風の専制にして法律の恃《たの》むべきものあらざれば、西洋の人は日本も亦《また》無法律の国かと疑い、支那、朝鮮の士人が惑溺《わくでき》深くして科学の何ものたるを知らざれば、西洋の学者は日本も亦陰陽五行《おんみようごぎよう》の国かと思い、支那人が卑屈にして恥を知らざれば、日本人の義侠《ぎきよう》も之がために掩《おお》われ、朝鮮国に人を刑するの惨酷《さんこく》なるあれば、日本人も亦共に無情なるかと推量せらるるが如き、是等の事例を計《かぞ》うれば枚挙に遑《いとま》あらず。之を喩《たと》えば此隣軒を並べたる一村一町内の者共《ものども》が、愚にして無法にして然《し》かも残忍無情なるときは、稀《まれ》に其町村内の一家人が正当の人事に注意するも、他の醜に掩われて堙没《いんぼつ》するものに異ならず。其影響の事実に現われて、間接に我《わが》外交上の故障を成《な》すことは実に少々ならず、我日本国の一大不幸と云うべし。左《さ》れば今日の謀《はかりごと》を為すに、我国は隣国の開明を待て共に亜細亜を興《おこ》すの猶予あるべからず、寧《むし》ろ其伍《ご》を脱して西洋の文明国と進退を共にし、其支那、朝鮮に接するの法も隣国なるが故《ゆえ》にとて特別の会釈《えしやく》に及ばず、正《まさ》に西洋人が之に接するの風《ふう》に従《したが》いて処分すべきのみ。悪友を親しむ者は共に悪名を免《まぬ》かるべからず。我《われ》は心に於て亜細亜東方の悪友を謝絶するものなり。

（原文の旧字カタカナ、旧仮名遣いを、新字ひらがな、新仮名遣いにし、適宜、ふり仮名、句読点を補いました――編集部）

〈参考資料〉「脱亜論」現代語訳

世界の移動手段は便利になり、西洋文明はその風を東に運び、あらゆる場所で草も木も西洋の風になびかないことはない。西洋人そのものが、古代と現代で特別進化したわけでなく大きな違いはないのだが、彼らの古代での行動が遅滞していたのに対し、現在活発なのは、ただ蒸気機関を利用してその速い交通手段の勢いに乗じているからである。

したがって、最近、東洋諸国の人々が西洋文明が東方に進んでくる勢いに抵抗して、その風を防ごうと思えば、まずは精神的な覚悟を固めるだけで十分である。西洋人も同じ人間なのだ。とはいえ、西洋に起こった科学技術の革命的進歩という現実を忘れてはならない。国家の独立の為には、科学技術革命の波に身を進んで投じ、その利益だけでなく不利益までも受け入れる他ないのだ。これは近代文明社会で生き残るための必要条件なのである。

文明とは、まるで麻疹《はしか》のようなものだ。目下、東京を席捲《せっけん》している麻疹の猛威は、西国の長崎から東に進み、春の暖気に乗せられた細菌が次第に蔓延しているような状態だ。こんなときに、麻疹の流行を恐れて防ごうとしても、はたしてその手段はあるだろうか。断じてないことを保証する。百害あって一利なしの流行病も、このパンデミックを防ぐ手段はない。いわんや、利益と不利益を伴うものの、利益のほうが多い近代文明を、どう水際で防げるというのだろうか。とすれば、近代文明という麻疹の流行を防ぐのではなく、むしろ麻疹の流行感染を受け入れながら、国民に免疫を与えるのが知識人の課題なのである。

近代西洋文明がわが日本に入ったのは、ペリー来航による嘉永《かえい》の開国が始まりだった。国民はようやく近代文明を受け入れ、利用すべきだということを知り、しだいに新しい文明を受け入れようという気風が生じたものの、進歩の道に横たわったのが徳川幕府の老害であり、どうしても排除できなかったのだ。幕府がある限り、近代文明を受け入れることはできなかった。なぜなら、近代文明は日本の旧体制と両立するものではなく、旧体制を改革すれば、同時に幕府も滅亡してしまうからだった。だからといって、近代文明の流入を防ぎ、日本社会への侵入を止めようとすれば、日本国の独立は維持できなかったのだ。

なぜならば、世界文明の目まぐるしく変化する情勢は、東洋の孤島の惰眠を許すものではなかったからだ。

ここにおいて、わが日本の有志たちは、徳川幕府よりも国家の独立を重んじることを大義として、幸いにして神聖なる皇室の尊厳に依拠することで旧幕府を倒し、新政府を樹立した。かくして日本は、国家、国民を問わず、西洋で生まれた科学技術と近代文明を受け入れることを決めたのだった。これは、ただ単に日本の旧体制を転換、改革しただけでなく、全アジアの中でひとつの新機軸を打ち出したという意義がある。それは〈脱亜〉というただ二文字が意味するものでもあった。

わが日本の国土はアジアの東端に位置するが、国民精神はすでにアジアの旧習を脱し、西洋の文明を受け入れる段階に移っている。しかし、日本にとって不幸なのは、ここに隣国があることだ。そのひとつは支那《シナ》であり、もうひとつは朝鮮である。この二国の人々も日本人と同じく漢字文化圏に属し、同じ古典を共有するのだが、もともと人種的に異なっているのか、それとも教育に差があるのか、支那、朝鮮二国と日本の精神的な隔たりが余りに大きいのである。情報の流通がこれほど速くなった時代において、文明や法の支配という考えを知りながら、それでもただ過去だけに拘《こだわ》り続ける支那と朝鮮の精神は、千年前と変わっていない。この近代文明のパワーゲームの時代に、教育といえば儒教主義であり、一から十まで外見の虚飾ばかりにこだわる、上っ面の知識だけで実が伴わない。現実面では科学的真理を軽んじる態度ばかりか、道徳さえ地を払い消え果てて、残酷で破廉恥をきわめて非人道的である。たとえば国際的な紛争の場面でも、自らに間違いがあったかどうかを絶対に反省せず、悪いのはお前のほうだと開き直って恥じることもないのである。

私がこの二カ国をみれば、今の近代文明が東進しアジアが侵略されていく情勢の中で、支那と朝鮮はとても独立を維持することなど不可能だ。もし、この二国に日本のような志士が現われ、明治維新のような変革を達成しつつ、上からの近代化を推し進めることができれば話は別だが、そうでなければ亡国と国土の分割、分断が待ち受けることに一点の疑いもない。なぜなら、麻疹のような近代文明の波に洗われながら、それを避けようと一室に閉じこもって空気の流れを断てば、結局は窒息してしまう他はないからである。

『春秋左氏伝《しゅんじゅうさしでん》』の「輔車唇歯《ほしゃしんし》」とは、隣国同士が相互に助け合う喩《たと》えであるが、現在の支那、朝鮮はわが日本のために髪の毛一本の価値も、何の助けにもならないばかりか、この三カ国が地理的に近いがゆえに、欧米人から同一視されかねない危険性を持っている。

すなわち、支那、朝鮮が専制主義の独裁政治をすれば日本もそうかと思われるし、彼らが法治国家でなく人治国家であることで、日本もそうかと疑われてしまう。支那、朝鮮の人々が迷信深く、科学の何たるかを知らなければ、西洋の学者は日本もまた陰陽五行《おんみようごぎよう》の国かと思うに違いない。支那人が卑屈で恥を知らなければ、日本人の義侠《ぎきよう》もその陰に隠れ、朝鮮国に暗黒の中世さながらの残酷な刑罰があれば、日本人もまた人権意識がないと推量される。例を挙げれば、枚挙にいとまがない。喩えるならば、軒を並べたある村や町内の者たちが、愚かで無法、しかも残忍で無情なときは、たまたまその町村内の、ある家の人が正当に振るまおうと注意しても、他人の悪行に隠れてしまうようなものだ。その影響が現実にあらわれ、間接にわが外交上の障害となっていることが、実に少なくなく、わが日本国の一大不幸というべきである。

そうであるから、現在の戦略を考えることが重要だ。わが国は、隣国の目覚めと文明開化を待ち、共にアジアを発展させていこうなどと考える時間的猶予はないのである。むしろ、支那と朝鮮という仲間意識から脱出し、西洋の文明国、先進国とともに進まなければならない。支那、朝鮮に対しても隣国だからと特別の配慮をすることなく、まさに西洋人が接するように、国際的な常識と国際法に従って処置すべきである。悪友と親しく交わり、悪事を見逃す者は、共に悪名を免れないのだ。私は心の中で、「東アジア」の悪友を謝絶するものである。

（現代語訳・文責西村幸祐）

参考文献

『アジア海人の思想と行動』清水元著（ＮＴＴ出版）
『海上の道』柳田國男著（岩波文庫）
『海洋民族学―海のナチュラリストたち』秋道智彌著（東京大学出版会）
『海洋民族学―陸の文化から海の文化へ』西村朝日太郎著（ＮＨＫブックス）
『神に追われて』谷川健一著（新潮社）
『南の精神誌』岡谷公二著（新潮社）
『沖縄文化論』岡本太郎著（中公文庫）
『神秘日本』岡本太郎著（みすず書房）
『大東亜戦争肯定論』林房雄著（夏目書房）
『ＤＮＡが語る稲作文明』佐藤洋一郎著（ＮＨＫブックス）
『ＤＮＡでたどる日本人10万年の旅』崎谷満著（昭和堂）
『新日本人の起源―神話からＤＮＡ科学へ』崎谷満著（勉誠出版）

『Y染色体からみた日本人』中堀豊著（岩波科学ライブラリー）
『日本人になった祖先たち』篠田謙一著（NHKブックス）
『日本人ルーツの謎を解く──縄文人は日本人と韓国人の祖先だった！』長浜浩明著（展転社）
『韓国人は何処から来たか』長浜浩明著（展転社）
『シュリーマン旅行記　清国・日本』ハインリッヒ・シュリーマン著／石井和子訳（講談社学術文庫）
『逝きし世の面影』渡辺京二（平凡社ライブラリー）
『日朝古代史　嘘の起源（別冊宝島）』室谷克実監修（宝島社）
『ヒンドゥー教──インドの聖と俗』森本達雄著（中公新書）
『日本文明圏の覚醒』古田博司著（筑摩書房）
『新しい神の国』古田博司著（ちくま新書）
『東アジア「反日」トライアングル』古田博司著（文春新書）
『新しい福沢諭吉』坂本多加雄（講談社現代新書）
『坂本多加雄選集Ⅰ　近代日本精神史』坂本多加雄著（藤原書店）

参考文献

『決定版 国民の歴史（上）（下）』西尾幹二著（文春文庫）
『江戸のダイナミズム』西尾幹二著（文藝春秋）
『政談』荻生徂徠著（岩波文庫）
『学問のすすめ ほか』福澤諭吉著（中公クラシックス）
『福澤諭吉著作集 第8巻』（慶応義塾大学出版会）
『文明論之概略』福澤諭吉著（岩波文庫）
『本居宣長「うひ山ぶみ」』白石良夫全訳註（講談社学術文庫）
『フロイスの日本覚書』松田毅一／E・ヨリッセン著（中公新書）
『昭和の動乱（上）（下）』重光葵著（中公文庫BIBLIO20世紀）
『日本の曖昧力』呉善花著（PHP新書）
『新・台湾の主張』李登輝著（PHP新書）
『上海』横光利一著（講談社文芸文庫）
『なぜ中国から離れると日本はうまくいくのか』石平著（PHP新書）
『「日中友好」は日本を滅ぼす！』石平著（講談社＋α新書）
『中国・韓国を本気で見捨て始めた世界』宮崎正弘著（徳間書店）

『文明の衝突』サミュエル・ハンチントン著（集英社）
『超大国の自殺』パトリック・J・ブキャナン著／河内隆弥訳（幻冬舎）
『Duty: Memoirs of a Secretary at War』Robert M Gates 著（クノップ社）

切りとり線

★読者のみなさまにお願い

この本をお読みになって、どんな感想をお持ちでしょうか。祥伝社のホームページから書評をお送りいただけたら、ありがたく存じます。今後の企画の参考にさせていただきます。また、次ページの原稿用紙を切り取り、左記まで郵送していただいても結構です。

お寄せいただいた書評は、ご了解のうえ新聞・雑誌などを通じて紹介させていただくこともあります。採用の場合は、特製図書カードを差しあげます。

なお、ご記入いただいたお名前、ご住所、ご連絡先等は、書評紹介の事前了解、謝礼のお届け以外の目的で利用することはありません。また、それらの情報を6カ月を越えて保管することもありません。

〒101-8701（お手紙は郵便番号だけで届きます）
祥伝社新書編集部
電話03（3265）2310
祥伝社ホームページ　http://www.shodensha.co.jp/bookreview/

★本書の購買動機（新聞名か雑誌名、あるいは○をつけてください）

＿＿＿＿新聞の広告を見て	＿＿＿＿誌の広告を見て	＿＿＿＿新聞の書評を見て	＿＿＿＿誌の書評を見て	書店で見かけて	知人のすすめで

★100字書評……21世紀の「脱亜論」

名前

住所

年齢

職業

西村幸祐　にしむら・こうゆう

1952年東京生まれ。評論家。慶應義塾大学文学部哲学科中退。在学中に第六次「三田文学」編集を担当。80年代後半から、主にスポーツをテーマに作家・ジャーナリストとしての活動を開始。2002年の日韓W杯を機に、歴史認識問題や拉致問題に関する取材、評論を展開する。「撃論ムック」「ジャパニズム」をそれぞれ創刊、編集長を歴任。著書に『「反日」の構造』『メディア症候群』『幻の黄金時代』『NHK亡国論』ほか多数。

21世紀《せいき》の「脱亜論《だつあろん》」
——中国《ちゅうごく》・韓国《かんこく》との訣別《けつべつ》

西村幸祐《にしむらこうゆう》

2015年4月10日　初版第1刷発行
2015年5月30日　第2刷発行

発行者……………竹内和芳
発行所……………祥伝社《しょうでんしゃ》
〒101-8701　東京都千代田区神田神保町3-3
電話　03(3265)2081(販売部)
電話　03(3265)2310(編集部)
電話　03(3265)3622(業務部)
ホームページ　http://www.shodensha.co.jp/

装丁者……………盛川和洋
印刷所……………萩原印刷
製本所……………ナショナル製本

Printed in Japan　ISBN978-4-396-11398-8　C0236

祥伝社新書
「世界の中の日本」を考える

ヘンリー・S・ストークス（元「タイムズ」「ニューヨーク・タイムズ」東京支局長）

英国人記者が見た 連合国戦勝史観の虚妄

「日本＝戦争犯罪国家」論を疑うことのなかったベテラン・ジャーナリストは、なぜ歴史観を180度転換させたのか？

加瀬英明
ヘンリー・S・ストークス（元「ザ・タイムズ」「ニューヨーク・タイムズ」東京支局長）

なぜアメリカは、対日戦争を仕掛けたのか

ペリーがタネを蒔き、そしてマッカーサーが収穫した
ルーズベルトが周到に敷いた開戦へのレール
そうとも知らず和平を願い、独り芝居を演じる日本政府
その教訓から、今日、何を学ぶか？